Theo Verweyen: Mein Lebensweg

Theo Verweyen: Mein Lebensweg. Erinnerungen an ein Leben in
Straelen. Hg.: Georg Verweyen. 2. Aufl. Geldern/Nairobi
2010
Satz: Georg Verweyen
Gesetzt mit LaTeX 2_ε aus der Palatino
2. Aufl., 2010

Mein Lebensweg

Erinnerungen an ein Leben in Straelen

Theo Verweyen

Geldern/Nairobi 2010

Herstellung und Verlag:
Books on Demand GmbH, Norderstedt
ISBN 978-3-8423-2710-8

Vorwort:

Da ich nicht einer alteingesessenen Straelener Familie entstamme, glaube ich es meinen Kindern schuldig zu sein, ihnen über meine Herkunft und den Ablauf meines Lebens eine Aufklärung zu geben. Da ich bereits mit sieben Jahren Vollwaise war und das Leben mir außerdem noch viele schwere Schicksalsschläge gebracht hat, könnte es für meine Kinder interessant sein, über mein Leben etwas mehr zu wissen. Es ist für einen Menschen ohne richtiges Elternhaus und ohne leibliche Geschwister nicht leicht, das Leben in einer kleinbürgerlichen Gesellschaft und im Beruf zu meistern. Dies möge die Schilderung meines Lebens deutlich machen.

Straelen, Weihnachten 1979

Theo Terweyen

Theodor Verweyen, Theos Großvater   *Sibilla geb. Lohschelder, Theos Groß-
mutter*

Meine Eltern, HEINRICH VERWEYEN – geboren am 26. 7. 1865 in
Rees am Rhein und GETRUD SIEBERS – geboren am 2. 2. 1885 in
Niedermörmter zogen am 24. 2. 1912 von Rees nach Straelen, wo
mein Vater bei einer Zweigstelle der Firma Oldenkott – Kiepenkerl
– Rees – Zigarrenfabrik – eine Stelle als Wickelmeister antreten
wollte.

Den Ausdruck »Wickelmeister« habe ich in den Unterlagen beim
Standesamt in Straelen entnommen, wo bei der Anmeldung meiner
Geburt als Beruf des Vaters des Kindes »Wickelmeister« von ihm
angegeben worden ist. Die Berufsbezeichnung »Wickelmeister«
wird ganz sicher bei der Zigarrenherstellung, die zu jener Zeit noch
ausschließlich manuell erfolgte, typisch für eine bestimmte Tätigkeit
gewesen sein.

Die Zweigstelle der Firma Oldenkott hier in Straelen wurde von
meinem Onkel Fritz Kästner, der eine Schwester meines Vaters zur
Frau hatte, meine Tante Anna, als Betriebsleiter geführt. Darauf

Familienbild 1903 zum Begräbnis von Sybilla Verweyen, in der Mitte ganz hinten: Theos Vater Heinrich Verweyen

wird es zurückzuführen sein, daß mein Vater von Rees, dem Haupt-sitz der Firma Oldenkott nach Straelen umzog. Wahrscheinlich erhielt er dadurch eine bessere Position in dem Straelener Betrieb, Mein Onkel war bereits im Jahre 1906, bei der Gründung der Zweig-stelle von Rees nach Straelen verzogen. Mein Onkel Fritz und Tante Anna hatten zwei Kinder und zwar Tochter Mia, geboren am 19. 9. 1906 in Straelen, und Tochter Frieda, geboren am 4. 3. 1910 auch in Straelen. Ich erwähne diese Beiden, weil sie in meinem späterem Leben noch eine große Rolle gespielt haben.

Acht Monate nach dem Zuzug meiner Eltern nach Straelen wurde ich im Hause der Familie Heyer auf der Venloer Straße 16 geboren. Meine Eltern blieben dort wohnen, bis sie mit mir am 13. 2. 1913 wieder nach Rees zurückzogen. Warum die Stelle bei Oldenkott in Straelen aufgegeben wurde, ist mir nicht bekannt geworden. Vielleicht war der Aufenthalt in Straelen nur für ein Jahr vorgesehen,

Im Alter von 3 Jahren mit seiner Mut-
ter Gertrud geb. Siebers

Heinrich Verweyen, Theos Vater

vielleicht aber gab es auch andere Gründe, die heute nur noch
schwer, oder gar nicht, zu klären sind. Damit war ich vier Monate
Straelener Bürger gewesen und niemand konnte damals ahnen, daß
ich jemals wieder nach Straelen zurückkehren würde.

Bis zu meinen sechsten Lebensjahr sind mir dann einige besondere Ereignisse im Gedächtnis erhalten geblieben. Hier ist insbesondere die Erinnerung an meinen Vater wach geblieben. Er war
Weihnachten 1915 – ich war damals gerade drei Jahre alt – zwar
schon sehr krank, als entlassener oder beurlaubter Soldat zu Hause.
Viele Geschwister meiner Eltern machten in den Feiertagen einen
Besuch bei uns auf der Emmericher Straße in der Nähe des Fried-
hofes. Als Weihnachtsgeschenk hatte ich eine Spieleisenbahn, die
mit ihren Schienen Platz auf einem Stuhlsitz hatte, erhalten. Die
Feder des Zuges wurde von mir schon am ersten Tag überdreht,

6

sodaß dadurch die Freude schon getrübt war. Der Besuch hatte mir eine Tüte Himbeerbonbons mitgebracht, die ich dann im Auftrage meines Vaters allen Anwesenden andienen sollte, was mir sehr schwer fiel, von meinem Vater aber erzwungen wurde. Mir blieben nur noch ganz wenige Bonbons und viele Tränen.

Mein Vater starb dann am 7.5.1916 in der Wohnung in Rees Emmericher Straße. Den Empfang seiner Sterbesakramente habe ich noch in Erinnerung. Auch einige Streiche mit den Nachbarkindern habe ich noch in gutem Gedächtnis, unter anderem ein Fall, als meine Eltern abends bei hellem Tageslicht zu einem Spaziergang noch ausgingen, bin ich aufgestanden und nach unten gegangen und durch ein offenstehendes Fenster von draußen in das Schlafzimmer eines gleichaltrigen Jungen eingestiegen und habe mich zu ihm ins Bett gelegt und bin dann fest eingeschlafen. Die Aufregung, als ich nicht mehr in meinem Bette lag, und auch nicht gleich gefunden wurde als die Eltern nach Hause zurückkamen, schwebt mir noch ein wenig vor. Es gab natürlich Schimpfe – aber im übrigen waren alle froh, als man mich wieder gefunden hatte. Vielleicht haben auch die Erwachsenen über diesen Bubenstreich gelacht.

Die Aufbahrung der Leiche meines Vaters fand, wie früher üblich, in der Wohnung statt. Die Bilder sind in mir bis heute in den Einzelheiten haften geblieben. Den Tag der Beerdigung des Vaters vermag ich mir noch heute vorzustellen, ich durfte zwar nicht mit zum Friedhof, man hatte mich einfach schlafen lassen und als ich erwachte war bereits die Kaffeetafel mit all den schwarz gekleideten Verwandten im gleichen Raum, wo mein Vater aufgebahrt war, im Gange.

Meine Mutter stand nun mit mir allein, es war nach Krieg, sie mußte Arbeiten, um den Lebensunterhalt für uns Beiden zu verdienen. Ich habe noch in Erinnerung, daß sie in der Tabakfabrik Oldenkott arbeitete, während ich unter der Obhut der Großeltern stand. Da die Wohnung der Großeltern gegenüber dem Fabrikgebäude in Rees – Weseler Straße – lag war es mir möglich, durch ein Fenster meiner Mutter mit vielen anderen Frauen bei der Arbeit, dem Abstreifen des Tabaks von den Rippen, zuzusehen. Es war natürlich verboten das Fabrikgelände zu betreten, weshalb wir als Kinder immer wieder fortgejagt wurden. Wir waren aber Kinder und suchten doch nur die Nähe unserer Mutter. Ich war damals drei, dreieinhalb Jahre alt.

Weihnachten 1916 wohnten wir noch auf der Emmericher Straße. Ich erhielt von meinem Vetter, der als Gardesoldat im Kriege war, einen Satz Kegeln mit Kugeln, wie es sie heute auch noch gibt.

Vor der Wohnung stand ein Gittermast des Elektrizitätswerkes. Beim Spiel, beim Rundlaufen um den Mast, bin ich gegen eine scharfe Kante gefallen und habe mir dabei den Kopf aufgeschlagen, daß die Wunde genäht werden mußte und es so schlimm blutete, daß ich meinte sterben zu müssen.

Meine Mutter pendelte zwischen Großeltern und unserer Wohnung immer hin und her, allein schon deshalb, weil ich, während sie in der Fabrik arbeitete, bei den Großeltern war. Auf einem solchen Weg, wieder nach Hause habe ich dann mal einen Hausschlüssel, den ich tragen durfte, im Gras am Rande des Weges versteckt. Dies sollte nur ein Scherz sein und ich wollte meine Mutter damit erschrecken. Obwohl ich meinte, genau zu wissen, wo der Schlüssel von mir im Gras versteckt worden war, wurde er nicht mehr gefunden. Das gab einen Aufruhr, da ein Schlosser hinterher das Schloß öffnen mußte und es schon Abend und dunkel geworden war.

Im Jahre 1918 muß meine Mutter mit mir in eine Wohnung auf der Rheinstraße umgezogen sein. Von dem Umzug dorthin weiß ich allerdings nichts. Im Hause wohnten mehrere Familien, auch mit Kindern, und es wurde im Hause aller mögliche Unsinn gemacht. Im Winter 1918/19 ist dann meine Mutter ernst erkrankt. Es gab eine Grippeepidemie, viele Menschen starben, wobei auch die Unterernährung und die Erschöpfung, durch den Krieg bedingt, einen großen Einfluß hatten.

Als kleiner Junge habe ich mehrmals in einer Schlange von Menschen vor einer Feldküche auf dem Marktplatz warten müssen, um Essen zu bekommen. Auch um Milch bei der Molkerei zu holen wurde ich öfter eingesetzt dabei mußte man auch Schlange stehen. Meine Mutter kränkelte, sie konnte die Grippe nicht überwinden, ich wurde daher immer mehr zu kleinen Dienstleistungen und Botengängen herangezogen. Im Frühjahr 1919 wurde ich einge-schult, nachdem ich zwei Jahre den Kindergarten (Verwahrschule) besucht hatte. Diese wurde von Nonnen geleitet. Die Schwestern, die gleichzeitig im Krankenhaus tätig waren, nahmen mich sehr oft mit in die Wäscherei des Krankenhauses, damit ich dort die Wäschemangel drehen konnte. Dort fiel für mich auch noch immer ein Butterbrot an, was mir bei dem allgemein herrschenden Hunger gut gefiel und auch Freude machte. Im übrigen war mir aber auch die Tätigkeit im Kindergarten mit Basteln und diesen Dingen zuwi-der. Ich konnte damals schon Buchstaben schreiben. Da ich aber Linkshänder war und das Schreiben mit der linken Hand machte, was ja nicht sein durfte nahmen mich die Schwestern wohl lieber mit in die Wäscherei zum Drehen der Wäschemangel.

Das Linkshänder-Sein hat mir im ersten Jahr des Besuches der Volksschule viel Kummer deshalb bereitet, weil das Schreiben nur mit der rechten Hand geschehen durfte. Bei jedem unbewachten Augenblick wurde aber mit der linken Hand geschrieben. Es mußte auf der Tafel aber immer wieder ausgeputzt werden, wenn Mutter feststellte, daß mit der linken Hand geschrieben worden war. Im übrigen absolvierte ich das erste Schuljahr mit gutem Ergebnis, bis daß der harte Schicksalsschlag, der Tod der Mutter am 5. Januar 1920, mich traf. Die letzten Wochen der Krankheit hat meine Mutter im Krankenhaus gelegen, wo ich sie sehr oft als kleiner Junge, wenn der Unterricht zu Ende war, besuchte, obwohl es verboten war. Ich wußte mich aber im Krankenhaus nach Indianerart durch die Flure des Krankenhauses zu schleichen, daß ich unbemerkt das Zimmer der Mutter erreichte.

Ich erinnere mich noch, als in der Sterbenacht bei den Groß-eltern wo ich während das Krankenhausaufenthaltes der Mutter wohnte, die Angehörigen durch Krankenhausbedienstete benach-richtigt wurden, daß Mutter im Sterben läge. Es sind auch Tanten in der Nacht zum Krankenhaus gegangen, um meiner sterbenden

Mutter beizustehen. Bei meinen Großeltern – Siebers – wohnten der jüngste Sohn – Onkel Heinrich mit seiner Frau Klara – und drei Häuser weiter im gleichen Wohnblock wohnte Tante Marie, die Zwillingsschwester der Mutter mit ihrem Mann – Onkel Josef – und damals zwei Töchter, eine dritte Tochter wurde später geboren. Bei Tante Marie habe ich noch oft im Leben Trost gefunden.

Jedenfalls in der Nacht, als die Angehörigen zum Sterben gerufen wurden, bin ich aufgewacht. Mit zum Krankenhaus durfte ich nicht, aber nachgedacht, was wohl mit mir werden würde, habe ich da schon.

Die Beerdigung fand am 8. 1. 1920, nach Dreikönigen statt. Morgens früh, fast noch im Dunkeln. Es war auch etwas Glatteis. Vorher wurde noch am offenen Sarg in der Leichenhalle gebetet. Durch das Flackern der Kerzen am Sarg wirkte es bei der Toten, als ob sie noch atmete. Das brachte bei mir Gedanken, ob sie nicht doch noch leben könnte und vielleicht lebend beerdigt würde. Über diese Möglichkeit habe ich sehr viel als Kind nachgedacht und dabei viel Angst gehabt.

Nach der Beerdigung haben dann die Beratungen eingesetzt, was mit dem Jungen geschehen soll. Möbel und sonstige Wohnungseinrichtungen mußten verkauft werden. Erinnerungsstücke, wie Trauringe, Uhr, Bilder usw. mußten in Verwahrung genommen werden. Auch mußte überlegt werden, wer Vormund über mich werden sollte. Man hat sich unter den beiden Familien, Verweyen von der väterlichen Seite und Siebers von der mütterlichen Seite wohl geeinigt, obwohl das nicht so ganz ohne Reibereien abgegangen ist, wie ich mich erinnern kann. Auch habe ich noch den Verkauf der Wohnungseinrichtung in Erinnerung, als die Möbelstücke mit einem Seil aus dem Fenster im ersten Stock heruntergelassen wurden. Ich stand dabei im Hintergrund und habe mir das angesehen.

Mein Onkel Lambert, der älteste Bruder meines Vaters, wohnhaft in Bienen bei Rees – strammer Polizist – wurde mein Vormund. Obwohl er mit seiner Frau Gertrud 14 Kinder hatte, kam ich nach kurzem Aufenthalt bei den Großeltern Siebers nach dem Tode der Mutter nach Bienen, bis eine Entscheidung in der Verweyens

Blick auf Straelen von Südosten, ca. 1935

Familie gefallen war, bei wem ich endgültig weiter erzogen werden sollte. Die wenigen Wochen Aufenthalt in Bienen, bei den vielen Kindern, sind mir jedenfalls in bester Erinnerung geblieben. Ich habe während dieser Zeit die Elternlosigkeit und das schwere Los eines Waisen nicht empfunden.

Wenige Wochen nach Ostern im Jahre 1920 wurde ich dann, ohne große innere Vorbereitung, in Bienen durch meine Cousine Mia Kästner aus Straelen abgeholt, um in Straelen laut Familienbeschluß, bei der Schwester meines Vaters, die nur zwei Kinder, im Gegensatz zu den anderen Geschwistern des Vaters die alle sechs, acht oder vierzehn Kinder hatten, weiter erzogen zu werden. Ich habe mich in Bienen in einem Schuppen versteckt und glaubte damit mein Schicksal als Siebenjähriger bestimmen zu können. Man fand mich selbstverständlich und überredete mich mit der Cousine Mia, die auch erst 14 Jahre alt war, mit der Eisenbahn nach Straelen zu fahren. Ich würde sehen, wie schön es dort für mich werden würde, so meinte man damals. Ich habe mich dem Schicksal gefügt und bin mit nach Straelen gekommen.

Meine Tante Anna hatte ihren Mann, Fritz Kästner, im Jahre 1916 im Kriege verloren, er galt erst als vermißt, wurde später für tot erklärt; und sie heiratete dann 1919 Jakob Heghmans – Schneidermeister. Aus dieser Ehe kamen keine Kinder. In dieser Familie wurde ich dann aufgenommen, sodaß ich neben den beiden Mädchen, Mia und Frieda, die ja Kästner hießen, als Junge, mit dem Namen Verweyen, dort lebte. In einer Familie also drei Namen, man kann sich vorstellen, wie schwer es manchmal war, jemandem zu erklären, wer man ist. Ich hieß selbst unter Jungens und auf der Straße Theo Kästner oder Theo Heghmans, in der Schule und bei der Behörde immer Theo Verweyen. Ein schwieriges Problem.

Ich kam also mit Cousine Mia, aus Bienen kommend, eine Woche nach Weißen Sonntag, Friedas Erstkommunion, in Straelen an. Alles neu, Umgebung, Menschen, Ort, Straßen, Schule usw. Den schweren seelischen Druck für einen siebenjährigen Jungen wird man verstehen können. Die Wohnung war in Straelen, Mühlenstraße 8, das Haus war Eigentum des Pflegevaters, Jakob Heghmans. Alle aber bemühten sich, mir das Einleben leicht zu machen. in Straelen lebte man besser als auf der rechten Rheinseite, wie Rees da Straelen belgische Besatzung hatte und dadurch Lebensmittel unter die Bevölkerung kam. Aber auch die nahe holländische Grenze brachte eine Besserung in der Lebensmittelversorgung, weil geschmuggelt wurde.

Dies waren Gründe, weshalb es manche Leckereien gab, die ich bis dahin nicht gekannt hatte. Das Einleben in der neuen Umgebung wurde dadurch leichter. Nach dem Einwohnermeldeamt bin ich am 26. 4. 1920 als zugezogen gemeldet.

Das neue Schuljahr begann nach den Osterferien, Ende April. Ich mußte in die zweite Klasse, da ich ja in Rees das erste Schuljahr gemacht hatte. Ein Nachbarjunge – Johann Greutelaers – war auch in dieser Klasse, er nahm mich beim Schulanfang mit. Ich war also ein Neuling in der Klasse. Mit meinem Namen wurde es schon kompliziert, bevor der Lehrer sich einen Reim auf die Zusammenhänge machen konnte. Ich war, so glaube ich wenigstens, nicht ganz dumm, sodaß ich mich sehr bald bei den Mitschülern eine Achtung verschaffte und anerkannt wurde.

Durch die nach 1920 immer stärker einsetzende Inflation wurden die wirtschaftlichen Verhältnisse immer schlechter. Die Schneiderei des Pflegevaters lief, vorerst mit mehreren Mitarbeitern gut. Es wurde auch für Holländer gearbeitet, die mit Gulden bezahlten. Der Gulden war damals eine stabile Währung, während die deutsche Reichsmark oder Rentenmark immer weniger wert wurde. Es wurde vielfach schon in Naturalien gehandelt. Um die Ernährungsbasis zu sichern, wurden zwei Schweine gehalten, Futter wurde gegen Schneiderarbeit getauscht. Aber die Arbeit, die mit der Schweinemast verbunden war, wurde mir übertragen. Futterkochen aus Rüben und Kartoffeln auf einer primitiven Kochstelle in einem Waschkessel, den Stall reinigen, den anfallenden Mist mit einem Leiterwagen zum Garten fahren, der dort lag, wo sich heute die Hauptschule befindet, den Jauchekeller leeren und die Jauche in einem kleinen Faß auf dem Leiterwagen ebenfalls zum Garten fahren usw., sodaß an Zeit zum Spielen nichts übrig blieb. Jeden Mittag und jeden Abend nach dem Essen mußte der Herd gescheuert werden, natürlich mit Scheuerpapier, was man heute nicht mehr kennt. Die beiden Mädchen hatten das Geschirr zu spülen, abzutrocknen und einzuräumen. Arbeitsteilung. Die Pflegemutter, meine Tante Anna, arbeitete mit in der Schneiderei, sodaß alle mit anfassen mußten. Kurz und gut, meine gute körperliche Konstitution war für viele häusliche Arbeit gut. Als dann durch die Zeit Inflation – Besatzung – passiver Widerstand – kein Brennmaterial aus dem Ruhrgebiet (Kohlen) in ausreichender Menge in den linksrheinischen Raum kam, wurden wir Kinder, meistens Cousine Mia und ich, in den Wald geschickt, Holz zu sammeln, auch Tannen- und Fichtennadeln, um Heizmaterial zu haben.

Die Tage waren voll ausgefüllt. Und wo blieb das Lernen?

Nach der vierten Volksschulklasse mußte entschieden werden, ob ich die Rektoratsschule in Straelen besuchen sollte. Mein damaliger Lehrer – Bruno Hertel – empfahl den Besuch wegen meiner Leistung in der Volksschule dringend. Aber es gab andere Probleme,

Mit 13 Jahren in der Quarta (obere Reihe Mitte)

die die Entscheidung sehr erschwerten. Die älteste Cousine Mia hatte auch keine höhere Schule besucht, sie war damals schon sechzehn Jahre alt, und auch Cousine Frieda, sie war zwölf Jahre alt, besuchte auch keine höhere Schule. Da der Schulbesuch damals bezahlt werden mußte, gab es schon in dieser Frage unterschiedliche Meinungen zwischen den beiden Eheleuten. Ich kann es heute verstehen, daß es nicht glücklich ist, wenn die eigenen Kinder keine bessere Schulbildung erhalten, das angenommene Pflegekind, ich also, wohl, dann löst das Familienprobleme aus. Diese Zankereien, die zwangsläufig dann immer auftraten, wenn die Rechnungen über das Schulgeld von der Stadt, fällig waren, haben mir schon von Anfang an den Besuch der Rektoratsschule nicht gerade freudig gemacht.

Als einer der besseren Schüler in den ersten Jahren, flauten die

Leistungen unter den genannten Umständen immer mehr ab. Mein Entschluß stand schon früh fest, mit vierzehn Jahren ist Schluß mit der Schule, entsprechend waren die schulischen Leistungen in Quarta und Untertertia.

Von 1925 an war der Pflegevater Hausmeister in der neu errichteten Volksschule am Mühlentor, nachdem das Schneidern nach der Geldstabilisierung keine große Rendite mehr abwarf. In der Schule gab es viel zu tun, und hier wurde ich gründlich, wie die beiden Mädchen auch, eingespannt. Die Heizung mit zwei großen Kokskesseln zu versorgen war mein besonderes Ressort. Morgens, fünf Uhr im Winter war die Bedienung der Heizung fällig. Für einen 14/15jährigen Jungen war dies schon eine schöne Aufgabe. Auch als ich mit 14 1/2 Jahren die Schule verlassen hatte und in der kaufmännischen Lehre war, blieb mir diese »schöne« Aufgabe und viele andere, vor Dienstbeginn auf dem Büro oder danach, erhalten.

Auch 1927 waren wie heute die Jugendlichen bezüglich einer Lehr- und Arbeitsstelle in einer schwierigen Lage. Bei der Firma Tenhaeff und Kraemer – Sägewerk und Holzhandlung – hier in Straelen, hatten sich sieben Jungen für den Kaufmannsberuf beworben, darunter auch ich. Wir mußten an einem Nachmittag eine Prüfung ablegen. In dem Büro der Firma, hinter der Villa auf der Venloer Landstraße, wurden wir platzmäßig auf das Büro verteilt, damit jeder ungestört seine Aufgaben lösen konnte. Ich saß mit einem anderen Jungen im Chefzimmer.

Mit schwerem Herzklopfen ging es an die Lösung der gestellten Aufgaben. Am Ende der Prüfung wurde alles eingesammelt und uns wurde mitgeteilt, daß wir in den nächsten Tagen Nachricht bekämen, ob wir eine Lehrstelle antreten könnten. Es würden jedoch nur zwei Stellen besetzt werden. Nach mehreren Tagen gab es dann für die Pflegeeltern und für mich die erlösende Nachricht, daß ich als Lehrling eingestellt werden würde. Meine Arbeiten waren aber nicht die erstbesten gewesen, sodaß ich dadurch nicht in das Büro der Firma Tenhaeff & Kraemer, sondern in das Büro des Provinzial-Verbandes rheinischer Erwerbs-, Obst- und Gemüsebauer e. V. käme. Herr Tenhaeff war damals Vorsitzender dieses Verbandes und Jakob Leurs, Sohn eines Metzgers aus Straelen, Geschäftsführer. Das Büro befand sich damals in einer Holzbaracke in der Frühgemüsebau-Gesellschaft m. b. H. an der Römerstraße, heute Gartenbaubetrieb des Hermann Arnolds.

Der 1. April 1927 war der Beginn der kaufmännischen Lehrzeit. In der Nacht vor dem 1. hatte es stark geregnet und es hatte durch Tür und Fenster hereingeregnet, sodaß im Büro eine große Lache Wasser stand. Da ich von Putzen und Reinigen wegen meines Einsatzes in der Schule etwas verstand, wurden Besen und Aufnehmer gesucht und mal erst das Büro trocken gemacht. Danach mußte der Ofen angemacht werden, auch das machte mir keine Schwierigkeiten, weil ich ja das Heizen in der Schule perfekt beherrschte. Dies zu können war schon ein Plus für mich bei der Geschäftsführung. Im übrigen war die Lehre für mich interessant. Ich kam an alle Arbeiten, die es damals auf einem Büro gab, heran. Das war gut! Ich las auch alles, was in der Registratur abgelegt werden mußte, sodaß ich dadurch immer wußte, wo ein Schriftstück, was der Chef, Herr Tenhaeff, haben mußte, zu finden war. Das brachte mir sehr oft beim Herrn Tenhaeff hohe Anerkennung ein, insbesondere, wenn ich das gewünschte Schriftstück auch gefunden hatte und der Geschäftsführer Jakob Leurs nicht anwesend war.

Da Herr Tenhaeff als Vorsitzender des Provinzial-Verbandes eine aktive Tätigkeit im Interesse der Obst- und Gemüsebauer des Rheinlandes entfaltete, wurde von ihm mit allen hohen Behördenstellen korrespondiert, dabei auch mit Ministern und Abgeordneten des Reichstages in Berlin. Die Briefe, die an diese Empfänger geschrieben wurden, mußten meistens mehrmals mit der Maschine geschrieben werden. Radierungen oder Tippfehler waren immer ein Grund dafür, daß die Briefe neu geschrieben werden mußten. Dabei lernte man Schreibmaschine schreiben. Die Anrede im Brief: »Sehr geehrter Herr Minister« flößte einem schon soviel Angst ein, daß es schon aus diesem Grunde schwer wurde, ohne Fehler einen mehrseitigen Brief mit der Maschine zu schreiben. Kurz und gut, man lernte dabei, nicht nur auf der Maschine zu schreiben, sondern auch

Provinzial-Verband
Rheinischer Erwerbs-Obst- und Gemüsezüchter E. V.

Fernsprecher:
Geschäftsstelle u. Verbands-
vorsitzender:
Straelen Nr. 33 (Nebenstelle)

Drahtanschrift:
Provinzialverband

Bankverbindung:
Sparkasse der Stadt Straelen
Vereinsbank e. G. m. u. H.
Straelen

Postscheck-Konto:
Amt Köln Nr. 91599

Straelen (Niederrh.), den 2. April 193 0.

Z e u g n i s !

Der Lehrling Theo Verweyen aus Straelen, hat in der
Zeit vom 1. April 1927 bis zum 1. April 193o auf unserer Geschäftsstelle seine kaufmännische Lehrzeit durchgemacht. Er wurde mit
sämtlichen Büroarbeiten betraut, die er jeweils zu unserer voll-
sten Zufriedenheit erledigt hat. Verweyen hatte Gelegenheit sich
besonders sowohl in der stenographischen Aufnahme längerer Berich-
te und Briefe, als auch in der Wiedergabe derselben auf der
Schreibmaschine auszubilden. Er verläßt seine Stelle, um sich in
dem Betriebe des hiesigen Obst- und Gemüsebau- Verbandes und des-
sen Erzeugerversteigerung weiterzubilden. Wir können Verweyen als.
einen fleißigen, ehrlichen und treuen jungen Mann jederzeit nur
bestens empfehlen.

Der Verbandsvorsitzende:

Der Geschäftsführer:

Theos Lehrlingszeugnis

17

Harry und Gusta, hinten Adolf und Rosa, vorn Agnes und Theo, Dina und Fen

Rechtschreibung, Satzzeichen und Stil. Eine Forderung des Herrn Tenhaeff war auch, daß wir, die zwei Lehrlinge der aus seinem Büro und der aus dem Büro des Provinzial-Verbandes – ich also – im Selbststudium Stenografie lernten. Wir bekamen das Lehrheft gestellt und hatten uns nun die Stenografie selbst beizubringen. Keine leichte Aufgabe. Da Herr Tenhaeff aber Stenografielehrer war, oder das Diplom dazu besaß, ließ er sich sehr oft über den Stand unserer Kenntnisse in der Stenografie eine Probe geben. Sie fiel nicht immer zu seiner Zufriedenheit aus. Aber ich habe es dann doch geschafft, die Stenografie so zu beherrschen, daß ich, ohne Spitze zu sein, Diktate aufnehmen konnte.

In den Sommermonaten, wenn an der Versteigerung Hochbetrieb herrschte, mußten alle aus dem Büro des Provinzial-Verbandes und einige Mitarbeiter aus Tenhaeffs Büro dorthin zum Rechnungen schreiben. Ich hatte aber dort meistens Telefondienst in der Versteigerungshalle, d. h. der Ruf kam in der Halle an, weil dorthin vom Büro in der Gartenstraße das Telefon durchgestellt war. Es gab nur eine Amtsleitung und man hatte dann den gewünschten Käufer durch Ausrufen in der Halle ans Telefon zu bitten, Lautsprecher oder Durchsageanlagen gab es zu der Zeit noch nicht. Auf diese Tätigkeit freute ich mich, da die Atmosphäre auf der Käufertribüne auf mich einen besonderen Reiz ausübte.

Da ich Radfahren konnte und der Lehrling im Büro Tenhaeff nicht, wäre bald passiert, daß ich mit ihm ausgetauscht worden wäre. Das hätte mir gar nicht gepaßt, da ich die für mich stupide Arbeit im Wald und im Büro, Holz messen nach Länge, Durchmesser und Kubik usw. gar nicht so interessant fand. Ich habe diese Arbeiten mehrmals aushilfsweise mitmachen müssen und kannte sie daher. Aber Jakob Leurs hat erreicht, daß der Austausch nicht stattfand, zumal ich mich auch noch als Kükenpfleger bewährt hatte. Es wurde um 1928 eine Muster-Hühnerfarm an der Römerstraße, hinter dem heutigen Römerwall, aufgebaut. Die Hühner wurden in eigener Aufzucht beschafft, d. h. es wurden Eintagsküken gekauft und in Aufzuchtställen mit Brikettheizung aufgezogen, bis man die Hähnchen von den Hühnern unterscheiden konnte. Die Hühner kamen dann zu dieser neuen Farm und die Hähnchen wurden über die Versteigerung als Schlachthähnchen verkauft. Träger der Farm von sechs Morgen Größe, war die Erzeuger-Versteigerung oder damals noch der Kreisverband. Es sollte neben dem Obst- und Gemüsebau auch die Hühnerhaltung für die kleinen bäuerlichen Betriebe eingeführt werden. Das war der Zweck der Einrichtung einer Musterfarm. Die Farm wurde von dem pensionierten Gendarmen Glatzel geleitet. Tatsächlich hat dann auch die Hühnerhaltung im Kreise Geldern eine große wirtschaftliche Bedeutung neben dem Obst- und Gemüsebau, bekommen. Die Eier wurden über die Versteigerungsuhr verkauft und vorher über eine große Sortiermaschine sortiert und klassifiziert. Leider ging die Hühnerhaltung nach der Machtübernahme durch die Nazis, weil die Einfuhr von Futter und Mais wegen Devisenmangel eingestellt wurde, wieder

Rosa, Dina, Gusta, Maria, Agnes, Elli, Mini, Cilly

fast ganz ein und damit verlor auch die Versteigerung von Eiern über die Uhr ihre Bedeutung.

Da das Büro des Provinzial-Verbandes, in dem ich lernte, mitten im Gartenbaubetrieb lag, erweckte dies auch in mir das Interesse für Gemüse- und Gartenbau. Ich habe mit geschuffelt, Gurken angebunden, Tomaten entgeizt, Nachtdienst zum Überwachen der Heizkessel mitgemacht usw. In den Sommermonaten war ich frei-willig, wie die Gärtnerlehrlinge, sehr oft um fünf Uhr im Betrieb, um bei den Erntearbeiten zu helfen. Dies machte mir Spaß. Für den Eigenbedarf, aber auch für die Schule, in der ich wohnte, zog ich Geranien als Stecklinge an und die Sommerblumen wurden ausgesät und später, nachdem sie pikiert waren, in einer Ecke eines Gewächshauses weiter kultiviert.

Am 22. Januar 1926 starb meine Tante Anna, meine Pflegemutter, sodaß dadurch in der Familie eine grundlegende Änderung eintrat. Mein Arbeitsfeld wurde noch grösser, Cousine Mia heiratete bald und verließ die Familie sodaß der Pflegevater, Jakob Heghmans, die Stellung als Hausmeister nicht mehr halten konnte. Er gab die Stellung Anfang 1930 auf und heiratete eine Witwe Maria Kloeck, die eine Gastwirtschaft auf dem Marktplatz unter dem Namen »Zum Brauhaus« besaß. Ich siedelte mit in die Gaststätte über. Cousine Frieda heiratete auch – This Delbeck –, und damit war die Familie Heghmans-Kästner-Verweyen aufgelöst. Man darf mir glauben, daß die Jahre 1928–1930 sehr schwer für mich waren und ich auch manchmal der Verzweiflung nahe stand. Manchmal habe ich dabei wegen der Aussichtslosigkeit, in der ich stand, auch an Schluß mit dem Leben machen gedacht. Wenn ich damals die Freunde Leo Niskens, Willi Quinkertz und Kurt Muysers nicht gehabt hätte, und ich nicht im Hause Niskens auf dem Heisterweg, wie ein eigenes Kind ein und aus hätte gehen können, wäre das Überwinden dieser Jahre nicht sicher gewesen. Ich habe doch vom siebten Lebensjahre an keine Elternliebe und Nestwärme mehr gekannt. Am 1. 3. 1930 wurde ich dann mit einem jungen Mann der Versteigerung ausgetauscht, er war aus Pont zu Hause und er kam dann für mich in das Büro des Provinzial-Verbandes und ich in das Büro das Kreisverbandes bzw. der Versteigerung im Hause Gartenstraße 21. Es war für den jungen Mann aus Pont eine Strafversetzung, weil etwas mit der Portokasse nicht gestimmt hatte. Ich aber wurde aus dem mir vertraut gewordenen Büro und seiner gartenbaulichen Umgebung herausgerissen.

Schade, daß das so kam! Heute sehe ich das anders. Es war der Beginn eines neuen Lebensabschnittes, mit Leib und Seele widmete ich mich der Sache. Im Büro waren damals insgesamt sechs Herren und zwar: Arnold van Stiphoudt, Andreas Raadt, Josef Petry, Heinrich Tergieten, Peter Huismann und ich, später kam dann Hubert Leupers als Buchhalter, der bis dahin Prokurist bei Tenhaeff und Kraemer gewesen war und Heinrich Ingensiep als Kassierer, ferner noch Fritz Polfers aus Walbeck, ebenfalls aus dem Büro Tenhaeff & Kraemer dazu. Josef Petry war einige Zeit vorher einem Herzinfarkt erlegen, er war noch ein junger Mann um 30 Jahre. Das war dann die gesamte Mannschaft, die büromäßig die Versteigerung beschäftigte. Gearbeitet werden mußte, wie man es heute nicht mehr kennt. Alles mußte mit der Hand geschrieben werden, ob Käuferrechnungen, Abrechnungen für die Anlieferer, ob Leergutabrechnungen und vor allen Dingen die großen Zusammenstellungen der einzelnen Abrechnungen nach Orten getrennt, dabei mußte addiert, subtrahiert, Prozente gerechnet werden usw. Da die große Wirtschaftskrise herrschte und jeder froh war, überhaupt Arbeit zu haben, wurde nach Arbeitszeit nicht gefragt. Im Sommer wurde immer bis in den späten Abend, oft aber auch bis elf oder zwölf Uhr gearbeitet. Für die Überstunden gab es keine Entlohnung, gemurrt wurde nur im Innern, nie laut. Stundenweise wurden an Versteigerungstagen nachmittags auch noch einige Herren beschäftigt, die einen anderen Hauptberuf hatten – Gastwirt oder pensionierter Beamter usw. Diese hatten in erster Linie Rechnungen für die Käufer während der Versteigerung zu schreiben. Es herrschte daher an Versteigerungstagen im Versteigerungsbüro, eine einfache Holzbaracke, turbulenter Betrieb und eine Hetze, um mit dem Schreiben der Rechnungen im Tritt zu bleiben, d. h. nicht gegenüber den anderen Mitschreibern zurückzubleiben. Es gab nur eine kleine Multiplikationsmaschine mit einer Kurbel, hiermit wurden die Multiplikationen, Menge mal Preis auf den Lieferscheinen, ausgerechnet. Alles andere mußte manuell geschehen. Die Versteigerungen dauerten damals bis zu fünf Stunden und länger, weil Posten für Posten von jedem einzeln Anlieferer für sich verkauft werden mußte. Heute unvorstellbar, daß es so etwas einmal gegeben hat.

An manchen Abenden eines turbulenten Versteigerungstages erschienen dann die Herren der Spitze – Hans Tenhaeff und Jean Verbeeck, der noch ehrenamtlich Geschäftsführer des Kreisverbandes war, während Herr Tenhaeff ja den Vorsitz des genannten Verbandes inne hatte.

Die sogenannten Versteigerungsleiter waren Arnold van Stiphoudt und Andreas Raedt, sie waren für den praktischen Ablauf des Ver-

Betriebsausflug: Theo und Agnes ganz links

steigerungsbetriebes verantwortlich.

In 1931 gab es dann eine Additionsmaschine, Marke »Astra« mit Handbedienung für das Hauptbüro. Dies brachte schon eine große Arbeitserleichterung, danach gab es dann bald eine elektrisch angetriebene Additionsmaschine und eine mit mehreren Zählwerken, mit der dann die Abrechnungen für die Anlieferer erstellt wurden. Auch das Verfahren der Barauszahlung wurde in diesem Verfahren der Umstellung auf maschinelle Erstellung der Abrechnungen auf Banküberweisung umgestellt.

In den Wintermonaten wurde ich bei der Vereinsbank beschäftigt, dabei bekam ich Einblick in die Aufgaben und Dienstleistungen einer Sparkasse, wobei ich viel lernte. Die Tätigkeit dort diente als Ausgleich dafür, daß Herr Verbeeck als Leiter der Vereinsbank auch ehrenamtlich als Geschäftsführer des Kreisverbandes bzw. der

Erzeuger-Versteigerung war.

Ein wesentlicher Einschnitt in meine Leben erfolgte 1931 dadurch, daß ich aus der Gaststätte Kloeck zur Cousine Mia – Frau Franz Peters – die auf der Mühlenstraße Haus Nr. 8, früher das Pflege-elternhaus, Eigentümer Peter Schaap-Essen, übersiedeln durfte. Das Leben in der Gaststätte bei der Familie Heghmans-Kloeck war für mich unerträglich geworden. Mit der Bemerkung des Pflegeva-ters: »Du bist jetzt 18 Jahre alt, du mußt jetzt nur sehen, wie du durchs Leben kommst.« löste diese Veränderung in meinem Leben hauptsächlich aus. Der Gerechtigkeit wegen, muß ich allerdings erwähnen, daß die wirtschaftlichen Verhältnisse bei Heghmans-Kloeck sehr schlecht waren und sich schon ein Zusammenbruch anbahnte, was dann auch ein Jahr später tatsächlich erfolgte. Außer mir mußte dann auch die von der Familie Kloeck als kleines Kind angenommene Tochter Erna, sie war zwei Jahre älter als ich, das Haus verlassen und für sich selbst sorgen. Die Zwangsversteigerung des Besitzes Kloeck auf dem Markt, Gaststätte »Zum Brauhaus« brachte den Auszug der ganzen Familie aus diesem Hause mit sich. Die Gaststätte wurde von Jakob Hetjens, der Landwirt gewesen war, erworben und weitergeführt. Auf dem Grundstück steht heute, neu errichtet im Rahmen der Stadtkernsanierung, die Gaststätte »Franzosenhoek«.

Mein Leben erhielt erst Inhalt mit neuem Lebensmut, als ich im Sommer 1932 das Mädchen Agnes Schreurs – meine Frau heute – kennen lernte und wir auch echte Zuneigung zueinander fanden. Nach den vielen Jahren des Nichtgeborgenseins, ohne Elternliebe, hatte ich einen Menschen gefunden, dem ich mehr bedeutete als nur ein einfacher Mensch. Wir hatten uns wirklich gern und liebten uns. Es folgten viele schöne Jahre des Verliebt- und Verlobtseins, sodaß diese Zeit für mich als die schönste der Kindheit und Jugend gilt.

In meinem Berufe konnte ich meine Stellung bei der Versteige-rung festigen. Zu den Vorgesetzten und Mitarbeitern verband mich ein gutes Verhältnis.

Am 30. Januar 1933 begann das Dritte Reich. Mir ist der Fackel-

Im Gartenlokal, Theo stehend als zweiter von rechts

zug an jenem Abend noch in bester Erinnerung. Ich sah im Fackel-
zug Straelener Menschen mit Hakenkreuzarmbinden, die bis dahin
von mir nicht zu der Nazigruppe gezählt worden waren; und deshalb war ich um so mehr überrascht. In jenen Tagen der Machtübernahme wurden auf allen öffentlichen Gebäuden die Hakenkreuz-
fahne gehißt. Die Männer der Spitze der Ortspartei prüften die
Durchführung oder nahmen sogar das Aushängen der Fahnen selbst
vor. Sie kamen dabei mit Heinrich Loevenich als Ortsvorsitzender
an der Spitze, an dem Büro der Versteigerung auf der Gartenstraße
Nr. 21 vorbei. Es wurde dann der Ruf laut »Das schwarze Nest wird
auch noch ausgeräuchert.« Dies war wohl darauf zurückzuführen,
daß die Herren Tenhaeff, Verbeeck, Raedt und auch damals wohl
noch van Stiphoudt, dem Zentrum als katholische politische Partei
angehörten und damit keine Freunde der Nazis waren. Der Nationalsozialismus war nicht mein Freund, weder von den Menschen
im örtliche Bereich her, noch von den politischen Zielen her und

auch wegen des Verhaltens und Benehmens der Nazis gegenüber seriösen Bürgern und Menschen, die anderen Parteien angehörten. Ich bin den Parteimenschen aller Uniformen, wo auch immer, aus dem Wege gegangen. Bei Veranstaltungen habe ich mich meistens gedrückt, was zwar sehr oft als Ablehnung der »neuen Zeit« angesehen wurde! Bis kurz vor Ausbruch des 2. Weltkrieges habe ich dann auch meine Haltung gegenüber den Nazis aufrecht erhalten. Auf Anraten der Versteigerungsleitung habe ich mich 1939 in die Partei gemeldet. Es war mir nahe gelegt, falls ich etwas im Beruf werden wollte, Mitglied der Partei zu werden. Da man sich nur zur Partei anmelden konnte, wenn sie »geöffnet« war, ich hatte dies in früheren Jahren schon öfter übergangen, habe ich dann Antrag um Aufnahme in die Partei gestellt. Es tat mir schon sofort nachher leid, daß ich dies getan hatte, was ich auch gegenüber meiner Braut offen aussprach. Ich bereue es auch heute noch, daß ich diesen Schritt getan habe, nachdem ich 6 Jahre lang, von 1933 bis 1939, standgehalten hatte.

Auch in der Versteigerung gab es durch den Nationalsozialismus große Veränderungen. Die freie Wirtschaft wurde durch ein System einer gelenkten oder geplanten Wirtschaft abgelöst. Es gab gesetzliche Ablieferungspflichten. Ein Höchstpreissystem wurde eingeführt. Alles Dinge, die nach der Lehre Tenhaeffs in der Vermarktung von Gemüse und Obst nicht paßten. Freie Wirtschaft, Angebot und Nachfrage, waren die Grundsätze Tenhaeffs Vermarktungspolitik. Gegen unbeschränkte Einfuhren von Obst und Gemüse aus allen Ländern setzte er sich mit allen Mitteln zur Wehr, weil die Wettbewerbsgleichheit nicht gegeben war, und deshalb die deutsche Produktion einen Schutz bedurfte. Es kam daher zur Einführung eines Zolles für Obst und Gemüse.

Im Jahre 1936 wurde eine neue Versteigerungshalle mit Büro fertiggestellt. Das Büro wurde im alten Stationsgebäude der Kreisbahn, die stillgelegt worden war, untergebracht.

Es ging bei der Versteigerung bei jährlich steigenden Umsätzen mit Riesenschritten bergauf. Immer mehr Mitarbeiter wurden eingestellt, ich gehörte zu den alten Hasen und bekam daher auch schon

Maria Schreurs, geb. Alsters, Theos   Johann Schreurs, Theos Schwiegerva-
Schwiegermutter   ter

verantwortlichere Aufgaben zugewiesen. Die Frühkartoffelerfassung und -vermarktung waren in den letzten Jahren vor Ausbruch des Krieges 1939 mit meine Hauptaufgabe, obwohl auch die büromäßige Organisation des Abrechnungssystems, der Kontrolle, der Abstimmung usw. stark von mir mit beeinflußt wurde.

Meine Verlobungszeit, ich nenne sie so, obwohl eine offizielle Verlobung nie stattfand, verlief in »Hochstimmung«. In der Familie Schreurs war ich gern gesehen, mit allen Geschwistern meiner Liebsten verband mich ein gutes Verhältnis. Ich wurde auch vom Vater akzeptiert, die Mutter war schon seit 1926 tot ich gehörte zur Familie. Diese Tatsachen gaben mir stärkeren Lebensmut und Selbstvertrauen. Mit dem angehenden Schwager, Fenn Giesberts, der mit der Schwester Dina ein Verhältnis hatte, kam es zu einem echten Freundschaftsverhältnis. Kurz und gut, es war eine schöne Zeit.

Auch in der Bevölkerung herrschte Hochstimmung. Immer mehr

Theo mit 22 Jahren   *Agnes mit 19 Jahren*

Menschen kamen wieder in Arbeit und Brot, die Wirtschaft nahm Aufschwung. Das waren die ersten Jahre des Dritten Reiches. Obwohl mir das System nicht lag, kann man die »glückliche Zeit« für viele Menschen, insbesondere für die aus den Arbeitnehmerkreisen, nicht übersehen. Für die große Masse der arbeitenden Menschen gab es neue Hoffnung auf ein besseres Leben. Auch bei der Versteigerung wurde es für alle Mitarbeiter besser, es gab Überstundenentlohnung, Urlaub usw., Dinge also, die es bis dahin nicht oder nur nach Willkür gab. Erstmalig habe ich dann im Jahre 1934 eine Urlaubsreise mit der Organisation »Kraft durch Freude« nach Hohenaschau in Oberbayern gemacht. Es war ein Erlebnis, zumal ich bis dahin, selbst den Rhein südlich von Köln noch nicht gesehen hatte, geschweige denn andere deutsche Lande. So gab es auch erstmalig Betriebsausflüge an die Ahr, an den Rhein usw., die unvergessliche Ereignisse waren.

Aber diese Zeit des scheinbaren Glücks wurde durch den Ausbruch des 2. Weltkrieges am 1. 9. 1939 jäh unterbrochen. Es hatte wohl schon 1937/38 manchmal nach Krieg ausgesehen, als Österreich und die Tschechoslowakei durch deutsche Soldaten besetzt wurden. Aber diese Besetzungen verliefen friedlich. Der Einmarsch in Polen war jedoch der Beginn eines furchtbaren Krieges. Niemand konnte damals ahnen, daß der Krieg fast sechs Jahre dauern würde. Für mich erfolgte die Einberufung zum Kriegsdienst bereits am 25. 6. 39 und zwar zum Grenzwachtbataillon in Straelen entlang der holländischen Grenze. Ich hatte bereits in 1938 zwei Monate militärische Ausbildung in Herford bekommen, danach habe ich zwei militärische Übungen von je 14 Tagen in Bocholt und Düren machen müssen. Aber nun wurde es ernst, es war richtig Krieg. Ich lag zwar zunächst in Westerbroeck an der Grenze, etwa 200 m vor den Bauerngehöften Vousten und Nielen, zuerst im Freien, später in einer selbst errichteten Baracke. Ich wurde mit vielen Straelener jungen Männern zur Grenzüberwachung eingesetzt. Meine Gruppe war neun Mann stark.

Im September 1939, etwa vier Wochen später als ich eingezogen wurde, sollte meine kirchliche Hochzeit sein, schon am 20. Mai 39 war ich standesamtlich getraut, um auch einen Anspruch auf eine Mietwohnung zu haben. Die feierliche Hochzeit mußte ins Wasser fallen, sie wurde verschoben, bis der Krieg »aus« sei. Zu jener Zeit hatten wir alle noch die Vorstellung, der Krieg könne doch nur ein paar Wochen dauern. Zunächst blieb ich an der Grenze in Westerbroeck bis im Mai 1940 liegen. Im Mai erfolgte auch der Einmarsch in Holland, es dauerte nur wenige Tage, dann war ganz Holland besetzt. Ich hatte mit einem Stoßtrupp, unter Führung eines Hauptmannes, das holländische Zollamt Dammerbruch zu nehmen und dann bis zur Maas vorzustossen. Das gelang ohne Verluste auf unserer Seite. Nachdem Holland besetzt war, wurde unser Regiment neu organisiert. Ich kam mit meiner Kompanie nach Weeze zum Grenzübergang Well.

Am 27. März 1940 war kirchlich geheiratet worden, obwohl der Krieg noch nicht »aus« war. Da ich wöchentlich einen Tag Urlaub bekam, wußte ich nicht, wohin ich gehen sollte. Mein gemietetes Zimmer bei der Cousine Mia wollte ich auch nicht aufrecht erhalten,

Theo im Grenzwachtbataillon

da es ja Geld kostete und ich nur Wehrsold bekam. Es wurde eine eigene Wohnung auf der Bahnstraße 32 eingerichtet und dort verlebten wir, meine kirchlich angetraute Frau und ich, den jeweils einen Tag (24 Stunden) Urlaub mit der Ungewissheit, was noch wohl alles kommen würde. Zur Hochzeit bekam ich 48 Stunden Urlaub, es mußte in Uniform geheiratet werden.

Im Spätsommer 1940 wurden die Grenzwachregimenter aufgelöst. Die Männer ab Jahrgang 1913 und jünger wurden zu anderen Einheiten versetzt, die der Jahrgänge 1912 und älter wurden als Soldat entlassen und kamen zum Zollgrenzschutz, sie hatten Grenzdienst in Verbindung mit Zollbeamten zu verrichten. Im übrigen aber lebte man zu Hause, was schon eine wesentliche Verbesserung gegenüber dem Leben als Soldat mit einem Tag Urlaub wöchentlich war, Trotzdem brachte dies aber auch noch nicht das große

Hochzeitsbild in geliehener Galauniform

Glück, da man fühlte, daß jeden Tag etwas Neues und nichts Gutes kommen konnte.

Im Januar 1941 war es dann auch soweit, es gab den Bescheid, daß ich ab 10. 2. 41 zum Zollgrenzschutz nach Südfrankreich, zur Demarkationsgrenze zwischen dem besetzten und unbesetzten Frankreich, versetzt sei. Es war ein trauriger und schwerer Abschied von Straelen, weil meine Frau das erste Kind erwartete und was im Juli zur Welt kommen sollte. Da aber alle jungen Männer von Straelen Soldat werden mußten, ließ sich immerhin der Abschied leichter ertragen. Ich glaube nicht, daß ich vor der Geburt des Kindes – von Christel also – noch im Urlaub gewesen bin. Erst nach der Geburt am 20. 7. 41 gab es Urlaub, 14 Tage, man brachte aus Frankreich manches mit, natürlich auch französischen Cognac. Das waren dann Gründe, zu Hause mit den noch verbliebenen Angehörigen zu feiern. Die letzten Tage des Urlaubs standen dann verständlicherweise unter dem Druck des baldigen Abschieds.

Mein Dienst in Frankreich bei der Zollgrenzschutzeinheit bestand aus Bürotätigkeit in einem Kommissariat in Monte Marsan [Mont-de-Marsan], ein kleiner Ort in der Nähe der Stadt Dax. Es gab natürlich auch schöne Zeiten, da dort ja kein Krieg war. Alles Denken und Überlegen war dem Beschaffen von Dingen gewidmet, die man im Urlaub mit nach Hause bringen wollte. Im Übrigen war Urlaub das Hauptthema.

Aber diese verhältnismäßig ruhige Zeit war auch bald vorüber. Im Frühjahr (11. 3. 1942) wurden die Jahrgänge von 1908 bis 1912 aus dem Grenzschutz herausgezogen und der Wehrmacht zugeführt. Das heißt, die Männer dieser Jahrgänge mußten wieder Soldat werden und wußten nicht, zu welcher Front sie kommen würden. Im Osten tobte schon der Russlandfeldzug. Ich kam zum Ersatzregiment nach Köln-Niel. Von dort wurden Ersatzleute für die Frontregimenter abgestellt. Ich kam aber zum Glück, nicht wie die meisten meiner Kameraden aus dem Zollgrenzschutz nach Russland, sondern zum Westen nach Belgien zur Stadt Dixmuiden [vläm.: Diksmuide, franz.: Dixmude]. Im dortigen Bataillon traf ich überraschend einige Straelener, darunter meinen Schwager, den Bruder meiner Frau, Clemens Schreurs. Die Überraschung war natürlich sehr groß, aber dieses Zusammensein währte nicht lange. Ich war beim Bataillonsstab auf der Schreibstube, während mein Schwager Clemens als Sanitäter dem Bataillonsstab angehörte. Im noch friedlichen Belgien gehörte er aber auch der Musikkapelle als Trompeter an. Im Spätsommer des Jahres 1942 gab es dann große Aufregung, die Division, zu der mein Bataillon gehörte, sollte nach Russland verlegt werden. Vorher mußten aber zur Bildung einer neuen Division bestimmte Funktionäre für den Rahmen abgestellt werden. Als später zum Bataillon Hinzugekommener, wurde ich mit mehreren anderen zur Neubildung abgestellt. Das heißt, ich »durfte« nicht mit nach Russland. Man hat das damals etwas bedauert, da man sich von liebgewordenen Kameraden trennen mußte. Heute beurteilt man eine solche Entscheidung als ein großes Glück,

Theo nach drei Jahren an der Front   *Als Unteroffizier, 31 Jahre alt*

zumal alle bekannten Straelener aus dieser Einheit in Russland gefallen oder vermißt sind. Die Division sollte als Ersatz der in Stalingrad eingeschlossenen Armee eingesetzt werden. So konnte manchmal der Zufall oder die göttliche Bestimmung, wie man es auch nennen mag, eine solche entscheidende Rolle spielen.

Ich kam also zur neuen Division, die in Frankreich (Rouen) aufgestellt wurde. In Fußmärschen ging es dann in die Einsatzräume an der Küste, Das Bataillon, dem ich mit einem Leutnant aus der alten Einheit angehörte, kam nach Dieppe. Dort war in erster Linie Küstenwache zu schieben. Ich gehörte wieder dem Stab an, wofür ich abgestellt war, und blieb damit Ib Bearbeiter (Kriegsmaterialverwalter). Wache brauchte ich damit nicht zu schieben. Einige Wochen vor unserem Eintreffen in Dieppe war dort ein Kommando Engländer gelandet und hatte viel zerstört, insbesondere eine damals neue Radaranlage.

Schon am 1. 11. 1942, nachdem ich erst wieder 8 Monate Soldat war, wurde ich zum Unteroffizier befördert. Vom 23. 1. 43 bis 7. 2. 43

bekam ich Urlaub. Nach dem Urlaub bekam ich das mir unter dem 30. 1. 43 verliehene Kriegsverdienstkreuz II. Klasse mit Schwertern feierlich durch den Kommandeur überreicht. Am 12. 2. 43 wurde meine Rückkehr aus dem Urlaub und die Auszeichnung in der Kantine unter den Unteroffizieren gefeiert. Bei einer Balgerei, darunter ein Profiringer aus Köln, wurde mir dann das Bein gebrochen. Vom Verbandsplatz in Dieppe ging es ins Lazarett nach Rouen, von dort nach Paris und dann mit dem Lazarettzug nach Bad Neuenahr am 26. 5. 43 ins Heimatlazarett.

Im Lazarett in Rouen wurde nach dem Entfernen des Gipses festgestellt daß die Knochen, Waden- und Schienenbein, nicht gut zusammen gewachsen waren, sie mußten noch mal neu gebrochen werden. Daraufhin kam ich für sechs Wochen in einen Streckverband. Diese Lage war deshalb unangenehm, weil die Stadt Rouen ständig bombardiert wurde und bei Fliegeralarm alle Menschen im Lazarett in die Luftschutzräume mußten, ich jedoch ziemlich allein liegen bleiben mußte, weil ich mit dem Streckverband ans Bett gebunden war.

Während des Lazarettaufenthaltes, noch in Dieppe, erhielt ich am 24. 3. 43 ein Telegramm: »Kräftiger Junge angekommen, Mutter und Kind gesund.« Der Sohn Hans-Werner war geboren. Da lag ich nun mit dem Gipsbein und konnte weiter nichts tun, als abwarten, was für weitere Nachrichten von zu Hause noch kommen. Durch die kurzfristigen Verlegungen von einem Lazarett zum anderen, war es mit der Post schwierig und verzögerte die Zustellung sehr, da man ja immer eine neue Anschrift in Form einer Feldpostnummer bekam. Inzwischen war ich also Vater von zwei Kindern geworden und dann die Ungewissheit, was noch alles kommen würde. An der Ostfront sah es gar nicht gut aus, in der Heimat wurde bombardiert, Frau und Kinder nicht mehr sicher. Ein sehr unangenehmes Gefühl.

In Bad Neuenahr, im Heimatlazarett, erlebte ich dann, nachdem ich einen Gehgips dort bekommen hatte, eigentlich ganz schöne Zeiten. Das Essen war zwar schon knapp und einseitig geworden, Alkohol bzw. Wein gab es selbst an der Ahr kaum oder selten. Kurz

Rosa, Maria, Elli, Vater Johann, Minni, Gusta, Agnes

und gut, das Glück war auch dort noch nicht vollkommen, Hauptsache war zunächst einmal, daß man nicht an einer gefährlichen Front lag.

Es gab von dort aus auch zwei mal Urlaub und zwar vom 17. 8.–1. 9. und vom 28. 9.–13. 10. 43, was nicht zu unterschätzen war. Hierbei bekam ich meinen Sohn Hans-Werner zum ersten Mal zu sehen. Nach Wiederherstellung der Gesundheit, d. h. daß man so einigermassen wieder laufen konnte, ging es ab zum Ersatzregiment in St. Avold im Elsass. Dort mußte ich zunächst den Unterführerlehrgang mitmachen, da ich zum Unteroffizier befördert worden war, ohne einen solchen Lehrgang vorher absolviert zu haben. Es ging dort in der Kaserne im übrigen stramm zu, sodaß man sich schon bald lieber wieder zur Front, möglichst natürlich wieder zum Westen, wünschte. Dies ließ dann auch nicht lange auf sich

35

warten. Es wurde ein neues Bataillon aufgestellt und zwar auf dem Truppenübungsplatz in Pitsch, später weitere Ausbildung auf dem Truppenübungsplatz in Baumholder als Luftlandesoldat, um mit Lastenseglern nach England transportiert zu werden. Die Invasion Englands sollte noch erfolgen, das war noch die Vorstellung.

Nach harten Wochen soldatischer Ausbildung ging es dann an die französische Küste in der Normandie bei Carantan. Es war im Mai 1944. Nach gut vier Wochen harter Arbeit bezüglich Ausbau der Stellungen unter dem kommandierenden General Rommel, begann am 5. 6. 44 die Invasion durch die Amerikaner und Engländer. Es begann richtig Krieg. In der Nacht Kampf Mann gegen Mann mit den Fallschirmjägern und Luftlandesoldaten der Amerikaner. Viele Kameraden unseres Bataillons mußten schon in den ersten Tagen ihr Leben lassen, oder waren so verwundet, daß sie über den Verbandsplatz ins Heimatlazarett überführt wurden. Die Reste des Bataillons wurden dann durch die Übermacht der Amerikaner und Engländer, denen die Landung vom Meer her gelungen war, immer wieder aus unseren, täglich fast neu geschaffenen Stellungen geworfen. Eine sehr harte und gefährliche Zeit, bis ich am 31. 7. 44 in amerikanische Gefangenschaft geriet. Über die Gefangenenläger in Cherbourg, Le Havre, bis zum Entlassungslager in Bolbeck vergingen dann fast zwei Jahre. Entbehrungen waren wohl erträglich, trotzdem war diese Zeit demütigend. Man war sich keiner Schuld bewußt, man hatte als Soldat korrekt seine Pflicht getan,und nun wurde man hinter Stacheldraht gesteckt. Es war nicht leicht sich mit dieser Tatsache abzufinden. Da ich Unteroffizier war, konnte ich nach der Genfer Konvention zu einer Arbeit nicht gezwungen werden. Ich war aber bereit, eine Gruppe von 50 Männer zu führen. Hierdurch kam ich dann sehr bald mit meiner Gruppe zu Aufräumungsarbeiten in den Hafen von Cherbourg. Es brachte Abwechslung und ließ keine Langeweile aufkommen. Nach einigen Monaten im Gefangenenlager in Cherbourg, wo wir in kleinen Drei-Mann-Zelten hausen mußten und dort den Winter 44/45 erlebten; wurden wir mit einem amerikanischen Invasionsschiff nach Le Havre verschifft, um dort als Gefangene zu Aufräumungsarbeiten eingesetzt zu werden.

hinten: Rosa, Gusta, Elly, Agnes, DIna, Clemens – vorn: Cilly, Johann, Minni   *hinten: Dina, Elli, Minni, Agnes, Gusta, Rosa – vorn: Cilly*

Im Lager dort war ich »Kompanieführer«, d.h. Vorgesetzter von 250 Menschen. Ohne Autorität zu haben, war es nicht leicht, 250 Menschen zur Ordnung und Korrektheit anzuhalten und sich durchzusetzen. Die Verpflegung war im letzten Kriegsjahr nicht mehr ausreichend, aber auch nicht so, daß man verhungern konnte. Im Lager selbst wurden die Verhältnisse von Monat zu Monat, insbesondere nach Kriegsende im Mai 1945 besser. Wir wohnten in Großzelten mit 50 Mann je Zelt. Wir bauten uns aus Trümmersteinen einen größeren Raum, um kulturelle Veranstaltungen, wie Theater und Musik, durchführen zu können, Es ist erstaunlich, was sich unter 1000 und mehr Menschen, wie sie im gesamten Lager waren, für Genies befinden. Es waren Handwerker und Künstler, Theaterleute und Sänger unter ihnen. Hierdurch kam es dann auch zu kulturellen Veranstaltungen mit hohem Niveau, die mir heute noch in guter Erinnerung geblieben sind.

Nachdem ich schon ein halbes Jahr in Gefangenschaft war, erhielt ich das erste Lebenszeichen von meiner Frau und über die Kinder. Man muß sich das heute mal vorstellen, eine Familie zu haben und dann monatelang kein Lebenszeichen von ihr erhalten. Es waren schon nervliche Belastungen, die einem aufgebürdet wurden.

Als am 10. Mai 1945 die Kapitulation erfolgte, stand ich mit einer Gruppe Gefangener auf der Straße in Le Havre. Die Gefangenen hatten die Wasserleitungen zu reparieren, d. h. die Rohre im Boden zu erneuern, die durch Bomben zerstört waren. Der Jubel und die Stimmung der Menschen auf den Straßen, der offen gezeigte Haß und die Bewegungen, daß wir aufgehängt werden sollten, waren für uns deutsche Soldaten erniedrigend. Wir wurden angespuckt, die Fäuste wurden gegen uns geballt. Unsere Bewachung, schwarze Amerikaner, brachten uns auf dem kürzesten Wege im Fußmarsch durch das Spalier der erregten Franzosen in das Gefangenenlager zurück, wobei die Schußwaffen durch unsere Wachmannschaften bereit gehalten wurden, um uns zu schützen. Meine Kameraden und ich waren nachher froh, wieder in Sicherheit hinter Stacheldraht zu sein. Im Laufe des Jahres 1945 bis Frühjahr 1946 besserte sich das Verhältnis zur französischen Bevölkerung, sodaß wir an Sonntagen das Lager ohne Bewachung, jedoch mit den großen Buchstaben »PW« (Prisoner of War) auf dem Rücken, verlassen durften. Im Frühjahr 1946 wurden dann Gerüchte und Parolen laut, das wir bald entlassen werden sollten. Dann hieß es wieder, wir würden an die Franzosen übergeben, wovor wir große Angst hatten, da wir wußten, daß es in französischer Gefangenschaft noch schlechter in Bezug auf Behandlung und Verpflegung sein würde. Wir hatten ja auf den Straßen auch deutsche Gefangene in französischer Gefangenschaft gesehen und gesprochen, sodaß wir darum mit Recht Sorge um eine Übergabe an die Franzosen hatten. Ende April 1946 kam ich dann, weil ich verheiratet war und zwei Kinder hatte ins Entlassungslager nach Solbeck in Frankreich. Die Entlassung erfolgte nach einem Punktesystem, wobei Alter, Familienstand, Kinderzahl, Krankheit usw. eine Rolle spielte. Wer älter war und viele Kinder hatte, konnte demnach bei den ersten sein, die zur Entlassung aus der Kriegsgefangenschaft kamen.

Als unser Transport im Entlassungslager ankamen, sollten wir zuerst noch durch eine französische Ärztekommission untersucht werden, ob wir noch in guter körperlicher Verfassung seien, um in französische Gefangenschaft zu arbeiten. Nach drei bis vier Stunden Wartezeit wurde uns verkündet, daß die Ärztekommission nicht mehr kommen würde und wir endgültig ins Entlassungscamp überführt werden könnten. Die Stunden des Wartens auf diese Entscheidung werde ich niemals vergessen.

Die letzten Wochen vor der Entlassung waren spannend. Über Lautsprecher wurden die zur Entlassung anstehenden Gefangenen jeweils aufgerufen. Die Tage vergingen nur mit spannendem Lauschen, ob nicht auch dein Name aufgerufen wurde. Wir wohnten in Zelten mit je 50 Mann und ruhten auf Maschendraht, der auf Pfosten, etwa 50 cm über dem Boden, gezogen war. Ein furchtbarer Zustand. Hatte man nachts einmal wegen einer Notdurft sein Loch in der Reihe der in Kleidern schlafenden Kameraden verlassen müssen, fand man sein Loch nicht mehr wieder. Es gab dann nur die eine Möglichkeit, sich mit Gewalt zwischen zwei Kameraden einen Zwischenraum zu schaffen, um auf dem Draht liegen zu können. In Erwartung einer bevorstehenden und baldigen Heimkehr ließ sich das alles ertragen.

Um den 18. 5. 1946 wurde ich dann mit anderen Kameraden der britischen Besatzungszone in Güterwagen verladen und es ging mit der Eisenbahn zuerst nach Münster, von dort am nächsten Tag nach Weeze, dort wurden wir in Freiheit gesetzt. Im wahrsten Sinne des Wortes. Es sah aus, wie man einen Schwarm Brieftauben aus den Käfigen läßt. Als »freier« Mann fuhr ich mit dem Zuge von Weeze nach Geldern und von da mit dem Bus nach Straelen. Ein herrliches Gefühl, frei zu sein. Die Stadt Geldern war, wie viele andere Städte und Dörfer auch, wie wir sie auf unserer Fahrt von Frankreich nach Deutschland gesehen hatten, sehr stark zerstört, dagegen Straelen gar nicht. Die Kunde von meiner Rückkehr war schon zu meiner Frau gedrungen, weil mich ein Straelener bei der Durchfahrt durch Geldern im Gefangenentransport gesehen hatte und dies direkt, oder über andere, meine Frau hat wissen lassen. Sie erwartete also meine Ankunft nach fast sieben Jahren Soldatenzeit und Gefangenschaft, dabei hatten wir uns über zwei Jahre nicht mehr gesehen. Wir waren zu Tränen gerührt, als wir uns umarmten. Meine beiden Kinder, Christel und Hans-Werner, fünf und drei Jahre alt, mußten sich in ihren Kinderbettchen stellen, damit ich sehen konnte, wie groß sie geworden waren. Christel schaute mich mit ihren dunklen Augen so ungläubig an, da sie mit den Worten: »Das ist dein Vater.«, nicht viel anfangen konnte. Es gab einen langen Abend, um wenigstens die Haupterlebnisse während dieser langen Trennung, sich gegenseitig mitzuteilen. Wenige Tage nach meiner Rückkehr meldete ich mich bei der Versteigerung, beim Herrn Tenhaeff, als Entlassener aus der Gefangenschaft, um wieder meine Arbeit zu bekommen. Es bestanden bei ihm keine grundsätzlichen Bedenken, mich sofort wieder anfangen zu lassen. Dies paßte mir jedoch noch nicht, weil ich erst einige Tage nur mit meiner Familie zusammen sein wollte. Wir wohnten ja nicht mehr Bahnstraße 32, weil das Haus durch Bomben so beschädigt worden war, daß man dort nicht mehr wohnen konnte. Unsere Mietwohnung war jetzt im ersten Obergeschoß Bahnstraße Nr. 7.

Am 1. Juni 46 trat ich dann bei der Versteigerung, die mit ihren Gebäuden erstaunlich gut erhalten geblieben war, meinen Dienst, nennen wir es als Bürovorsteher, an. Die verantwortlichen Herren van Stiphoudt und Ingensiep durften wegen ihrer Tätigkeiten in der NSDAP nicht, bzw. vorerst nicht, wieder eingestellt werden. Auch ich mußte den »großen Fragebogen« einreichen, da geprüft wurde, ob ich entnazifiziert werden müßte. Da keine Belastungen gegen mich vorlagen, kam sehr bald der Bescheid von der englischen Besatzungsmacht, daß ich bedenkenlos weiter beschäftigt werden durfte. Als Gehalt war mit Herrn Tenhaeff monatlich DM 275,– vereinbart worden. Das war das Gehalt, was ich bei der Einberufung zum Kriegsdienst bezogen hatte. Im übrigen durfte ich darüber mit den anderen Beschäftigten noch nicht einmal sprechen, da bei ihnen bei der Wiedereinstellung der Betrag, der über DM 200,– lag, um die Hälfte gekürzt worden war.

In der Familie fing für mich das Leben jetzt erst an. Auf drei Zimmern mit zwei Kindern spielte sich das Leben ab. In der Küche wurde hauptsächlich gelebt. Das Klo war draußen auf dem Hof in einem Schuppen. Kohlen und Holz gab es nur unzureichend. Die Frau mußte stundenlang an den Lebensmittelgeschäften Schlange stehen, um das auf Karten an Lebensmitteln zustehende zu bekommen.

Im übrigen aber wurde alles Mögliche getan, um nebenbei etwas an Nahrungsmitteln zu bekommen, was auch hier und da, durch ein wenig Rinderfett, einen Zentner Kartoffeln, etwas Gemüse usw. gelang. Abends saßen wir in der Küche, Strom gab es nicht, er wurde aus Energiemangel abgeschaltet. Als Beleuchtung hatten wir eine Kerze oder eine selbst gebastelte Karbidlampe. Sonst aber waren wir froh, daß wir keinen Krieg mehr hatten, keine Bomben mehr fielen und nicht mehr geschossen wurde.

Bei der Versteigerung war natürlich auch nicht viel los. Die Gemüsebaubetriebe waren zwar zur Ablieferung der gesamten Produktion gesetzlich verpflichtet, aber es wurden nur Teilmengen abgeliefert, die größten Mengen wurden zur Kompensation, d. h. zum Tausch gegen alle möglichen Dinge verwendet. Die Menschen aus den Großstädten brachten alles, ob Kleider, Pelze, Teppiche und, und, und, nur um etwas Nahrungsmittel, Kartoffeln, Gemüse, Butter oder Eier, dafür zu bekommen. Man kann sich heute nicht mehr vorstellen, wie damals die Verhältnisse waren.

Der bei der Versteigerung angelieferte Teil der gemüsebaulichen Produktion mußte nach bestimmten Kriterien auf die Großstädte, prozentual,wie sie früher bei der Versteigerung über Händler bezogen hatten, verteilt werden. Es war ein System des Verteilens einer zu geringen Menge, was immer zu Ärger Anlaß gab. Es gab immer zu wenig, und dann braucht man nicht zu fragen, warum es Ärger gab.

Ende 1946 kam Arnold van Stiphoudt in den Betrieb zurück, er war entnazifiziert worden und durfte also wieder arbeiten. Er und ich bildeten dann die hauptamtliche Geschäftsführung, während Herr Tenhaeff sich aus der praktischen Geschäftsführung zurückzog und wieder die Aufgabe als Vorsitzender der Organisation der Gemüsebauer in erster Linie wahrnahm, bzw. als Vorsitzender des Aufsichtsrates fungierte.

Im Oktober 1946 wurde auf einer Versammlung der Berufsstandsvertreter im *Hotel von Lom* Josef Caelers zum Vorsitzenden der Berufsorganisation des Kreises Geldern gewählt, weil Herr Tenhaeff aus einer Verärgerung dieses Amt niederlegte. Man hatte Herrn Tenhaeff in der CDU nicht zum Kreistagskandidaten aufgestellt, weil man ihm nicht verzeihen konnte, daß er Mitglied der NSDAP, wenn auch unter Druck, geworden war. Seine Leistung für den Straelener Gemüsebau wurde dabei vollkommen ignoriert.

In der Familie gab es am 23. 2. 1947, gut neun Monate nach Rückkehr aus der Gefangenschaft, ein freudiges Ereignis, Sohn Heinz wurde in der Wohnung auf der Bahnstraße 7 geboren. Es herrschte eine fürchterliche Kälte. Im Schlafzimmer wurde mit einem Bunkerofen geheizt, wo die Geburt erfolgte, aber die Eisblumen gingen nicht von den Fenstern. Die Wasserleitung und der Abfluß waren zugefroren. Es war eine katastrophale Situation, trotzdem waren wir alle glücklich, nachdem die Geburt gut verlaufen war und Mutter und Kind gesund waren. Die Familie war damit auf fünf Personen angewachsen, obwohl das gar nicht unbedingt, allein schon wegen der schwierigen finanziellen und wirtschaftlichen Verhältnisse, in unserer Absicht gelegen hatte.

Erst nach Aufhebung der Bewirtschaftung einiger Nahrungsmittel, dabei auch Obst und Gemüse, sowie Neuordnung unseres Geldwesens im Juni 1948, fing ein neuer Aufbau des gesamten Wirtschaftslebens an. Bei der Versteigerung erfolgte dies durch die junge Führungsmannschaft Josef Caelers und Theo Verweyen. Die Herren der alten Garde, Tenhaeff, Verbeeck und van Stiphoudt, ließen uns beiden ziemlich freien Lauf. Josef Caelers und ich waren Freunde geworden. Wir kannten aber auch nichts anderes mehr, als darüber nachzudenken, was in der Vermarktung noch verbessert werden konnte und wie es im Verkauf der neuen Zeit angepaßt werden sollte. Die Grundsätze Tenhaeffs für den Betrieb einer Vermarktung von Obst und Gemüse wurden von uns dabei voll beachtet und als notwendige Voraussetzungen für einen Erfolg angesehen. Wir hatten die Schriften Tenhaeffs in dieser Sache gründlich studiert. Direkt nach Aufhebung der Bewirtschaftung von Obst und Gemüse mit Höchstpreis- und Verteilersystem, ließen wir, zum Verdruß der Versteigerungskollegen, im Rheinland die Versteigerungsuhr laufen, nachdem diese jahrelang stillgestanden hatte. Der Erfolg durch die Umstellung auf Verkauf über die Versteigerungsuhr war so groß, daß alle Versteigerungen, auch die außerhalb das Nordrhein-Gebietes, sehr bald folgten.

Am 2. Oktober 1949 wurde unser Franz geboren. Auch er erblickte das Licht der Welt in unserer Wohnung auf der Bahnstraße Nr. 7. Jetzt waren wir zu sechs Personen in der Familie und wohnten dabei auf drei Zimmern, was ganz sicher sehr beengt war. Ein von der Familie Opheys, Frau mit zwei Kindern, der Mann war im Kriege gefallen, die im Erdgeschoß unter uns wohnte, nicht benutztes Zimmer auf unserer Etage, wurde uns dann von Frau Opheys zur Benutzung überlassen. Hierdurch konnten wir dann die großen Kinder aus dem Elternschlafzimmer ausquartieren. Eine große Erleichterung für die ganze Familie. Sie war also mal wieder größer geworden, ohne daß eine bewußte Planung hierzu vorgelegen hatte. Mir wurden schon große Vorwürfe von Bekannten, ob meiner Dummheit auf diesem Gebiete gemacht. Meine Frau und ich hatten uns schon geduldig in die große Kinderzahl ergeben, da wir die Probleme, die damit verbunden waren, besser kannten, als alle Außenstehenden. Die Frage einer anderen Wohnung wurde jedoch dringend, zumal meine Frau diesen beengten räumlichen Zustand mit vier Kindern auf einer Etagenwohnung nervlich nicht länger ertragen konnte. Bei der herrschenden großen Wohnungsnot und der noch bestehenden Bewirtschaftung der Wohnungen durch die Behörde, war jedoch an eine Lösung dieses Problems noch nicht zu denken. An einen Eigenheimbau war zu jener Zeit ebenfalls, sowohl aus Geldmangel, als auch aus Mangel an Baumaterial, noch nicht zu denken.

In 1949 wurde ich in der Firma zum Prokuristen befördert, damit wurde ich mit dem Herrn van Stiphoudt gleichgestellt. Bei einem damaligen Gehalt von DM 450,– bis 500,– monatlich wurde es zwar ein wenig besser, aber damit konnten auch keine großen Probleme, wie Wohnungsverbesserung usw. gelöst werden.

In den übergebietlichen Organisationen für den Obst- und Gemüsebau und die Vermarktung dieser Produkte, sowohl im regionalen, als auch im bundesweiten Gebiet, hatte ich mir schon eine Anerkennung in fachlicher Hinsicht erworben. Ich war vom Deutschen Raiffeisen-Verband in Bonn der Bundesregierung als Experte für den Absatz von Obst und Gemüse benannt worden, um in den USA mit noch fünf weiteren Experten in der Obst- und Gemüsewirtschaft zum Beispiel Verarbeitung (Konservierung), Beratung, Marktberichterstattung, die Verhältnisse in Amerika zu studieren. Die Kosten für die Reise und den Aufenthalt dort wurde zum Teil von der Bundesregierung und zum Teil von den Vereinigten Staaten übernommen. Dies erfolgte im Rahmen der Wirtschaftshilfe zum Wiederaufbau des zerstörten Europas.

Bevor ich den endgültigen Bescheid erhielt, daß ich von den USA auch politisch für eine solche Studienreise akzeptiert worden sei, war ich noch im Mai 1952 mit einer kleinen Gruppe von gartenbaulichen Berufsstandsvertretern und Versteigerungsleuten in Holland, auf Einladung einer holländischen Berufsorganisation, gewesen. Dort hatten wir uns mehrere Tage in einer Volkshochschule aufgehalten und erhielten Vorträge von Fachleuten über die Probleme der Produktion und die Vermarktung von Obst und Gemüse. Hierbei wurden uns vorwurfsvoll die Verbrechen, die die deutsche Besatzung während der Besatzungszeit dort verübt hatte, sehr tiefschürfend vorgehalten. Ich habe mich damals in Holland als Gast eines Berufsverbandes nicht sehr wohl gefühlt. Das Leben selbst war auch in Holland zu der Zeit noch recht bescheiden, es gab noch nicht genug zu essen. Der Wahlspruch des Leiters der Volkshochschule war: »Bescheiden leben und hoch denken«. Trotzdem hat der Besuch uns, Josef Caelers und mir, viel gebracht. Es war übrigens ein Gegenbesuch. Wir als Rheinländer hatten im Sinne der Aussöhnung mit unseren Nachbarn eine Gruppe holländischer Anbauer nach Deutschland eingeladen, und im Restaurant auf dem

Hülserberg eine mehrtägige Veranstaltung mit Vorträgen und Diskussionen durchgeführt, die dann Anlaß zur Gegeneinladung nach Holland war.

Bei einem Exkurs von der Volkshochschule in Bergen op Zee nach Aalsmeer zur Blumenversteigerung, erlebten wir Teilnehmer den größten Eindruck der ganzen Veranstaltung, wenigstens Josef Caelers und ich. Hierbei wurde die Idee einer Blumen-Versteigerung in Straelen geboren. Verstärkt wurde das Denken nach besseren Existenzmöglichkeiten für die Gemüsebauer durch die schlechte Preislage für Treibgemüse in den Jahren 1950–52, hervorgerufen durch sehr große Einfuhren aus Italien. Nach unserer Rückkehr aus Holland wurde die Idee einer Blumenversteigerung gründlich überdacht und dafür in Anbauerkreisen für die Gründung geworben. Es fanden viele Versammlungen, Besprechungen, Besichtigungen usw., usw. statt, die dann letzten Endes auch den Erfolg brachten.

Vor Weihnachten 1952 erhielt ich dann von der USA-Botschaft den Bescheid, daß ich an einer Studienreise in die USA teilnehmen könnte und wegen meiner Person keine Bedenken bestünden. Die Reise sollte drei Monate dauern, und zwar vom 2. Mai bis 2. August 1953. Es mußten noch vorher viele Fragebogen ausgefüllt werden, auch über meine Gefangenschaft bei den Amerikanern, bis ich endgültig für würdig befunden wurde, zur Teilnahme an der Studienfahrt zugelassen zu werden. Die innere Aufregung bei mir, vor einer so großen und weiten Reise, kann man sich wohl vorstellen. Auch die Trennung von der Familie war nicht problemlos, weil ich ja nach langer Soldatenzeit und Gefangenschaft erst ein paar Jahre wieder zu Hause war.

Das größte Ereignis in 1952 war aber wohl der Einzug ins eigene Haus auf der Venloer Straße 78 (jetzt 86). Herr Tenhaeff war bis dahin Eigentümer. Er mußte oder wollte verkaufen, es gab aber 1951–52 auch bei den Banken noch kein Geld zu leihen, so sollte also eine Lösung mit der Versteigerung gesucht werden. Wegen meiner schlechten Wohnverhältnisse bekundete ich mein Interesse für den Kauf des Hauses, was Herr Tenhaeff dem Grunde nach begrüßte. Unter Mitwirkung der Versteigerung, die bei der Vereinsbank ein dem Kaufpreis entsprechendes Guthaben unterhalten mußte, konnte ich dann ein Darlehen zu einem niedrigen Zinssatz von der Bank bekommen. Wir haben dann gekauft. Es war wirklich ein großes Ereignis. Wir alle, Frau, Kinder und ich wußten gar nicht, was uns war, in einem eigenen Haus mit großem Garten dahinter und einem WC innen, zu wohnen. Obwohl uns noch nicht alle Räume zur Verfügung standen, da auf zwei Zimmern noch eine Flüchtlingsfamilie mit vier Personen wohnte, waren wir überglücklich.

Ein weiteres wichtiges Ereignis in 1952 war für mich der Einzug als Abgeordneter der CDU in den Kreistag in Geldern. Der Ort Straelen stellte damals zwei Abgeordnete, und zwar den Landwirt Johann Raedt aus Boeckholt und mich. Durch Vorstandsmitglieder der CDU-Ortspartei war ich im Sommer angesprochen worden, ob ich bereit sei, auf einer Mitgliederversammlung der Ortspartei als Bewerber um ein Kreistagsmandat aufgestellt zu werden. Ich hatte dazu eigentlich keine besonderen Ambitionen, da ich mitten in Problemen für die Erzeuger-Versteigerung stand und damit voll beschäftigt war. Man hat mich dann aber überzeugt, daß ich als Vertreter für den Gartenbau des ganzen Kreises im Kreistag, wirksam tätig werden könnte, zumal sonst kein Vertreter der gartenbaulichen Wirtschaft in den Kreistag einziehen würde. Außerdem war ich erst 40 Jahre alt und hielt mich für eine solche Aufgabe noch zu jung und unerfahren, zumal ich ja von 1933 an, im Dritten Reich also, für Politik kein Interesse gefunden hatte. Auch mußte ich mich prüfen, ob die CDU für mich die richtige Partei wäre und ihr Programm, von den Grundsätzen her, mir zusagte. Nachdem das für mich geklärt war, habe ich dem Vorstand meine Zusage gegeben, für ein Kreistagsmandat der CDU zu kandidieren. Ich bin dann auch aufgestellt und mit großem Erfolg gewählt worden. Nach der Wahl rückte ich dann im Oktober 1952 in den Kreistag ein, ich war tatsächlich mit 40 Jahren einer der jüngsten Abgeordneten. Durch meine sachlichen Beiträge gewann ich jedoch bald bei den älteren und erfahrenen Abgeordneten Anerkennung und Respekt. Ich wurde auch gleich Mitglied des Kreisausschusses, was für einen

Christel, Hans, Heinz, Agnes und Franz am Weiher in Roul-Busch

so jungen und neuen Abgeordneten eine besondere Anerkennung war.

Am 2. Mai 1953 trat ich dann die große Reise nach den USA an, bis dahin waren bei der Erzeuger-Versteigerung die Vorbereitungen für die Einrichtung einer Blumen-Versteigerung weiter getroffen worden. Auch hatte die Versteigerung zugesichert, daß ich während der Studienreise, drei Monate also, das volle Gehalt weiter beziehen würde, was damals mit rund DM 650,– monatlich noch nicht sehr hoch war. Vor dem Abflug nach Amerika gab es zunächst eine Verabschiedung im Ernährungsministerium in Bonn mit Belehrung über das Verhalten in den Staaten. Ab Düsseldorf ging es mit dem Flugzeug bis Paris, von dort mit einer zwei-motorigen französischen »Constellation« über den Atlantik mit Zwischenlandung in Lapland »Gouse Bay« [vermutlich Goose Bay, Neufundland], von dort mit Zwischenlandung in Montreal in Kanada bis nach New York. Nach Ankunft in New York machten wir sechs Deutschen, die wir uns alle bis dahin nie gesehen hatten, einen Bummel durch die Stadt New York mit ihren Wolkenkratzern, die mich fast erdrückten und überwältigend beeindruckten, um dann ein Kino zu besuchen und dort vor Übermüdung zu schlafen. Abends ging es mit dem »Pullmann« nach Washington, wo ein Empfang beim Bundesministerium für Ernährung und Landwirtschaft stattfand. Neben uns sechs Deutschen waren Vertreter vieler befreundeten westlichen Nationen dabei. Nach einem kurzen einführenden Begrüßungsvortrag erhielten wir das Programm über den Ablauf der Studienreise von drei Monaten ausgehändigt. Ein Professor der Landwirtschaft übernahm als Reiseleiter die gesamte Gruppe, er war von da ab unser Betreuer während der ganzen Studienzeit. Zunächst reisten wir mit der Eisenbahn von Washington nach Texas, die Reise dauerte mehrere Tage und Nächte. Die Reiseabteile wurden nachts in Schlafabteile umgewandelt, wie dies in den dortigen Pullmannzügen üblich ist. Diese Reise war schon ein Erlebnis für sich. In der Universität »College Station« in Texas begann nun unsere Studienarbeit. Theoretische Informationen durch Vorträge usw., sowie praktische Besichtigungen füllten die Tage aus und brachten uns immer neue Eindrücke. Mit einem Omnibus reisten wir dann, jeweils nach einigen Tagen Aufenthalt, durch die verschiedensten Staaten nordwärts. Die Übernachtungen fanden teils in Hotels teils aber auch in Studentenheimen bei den jeweiligen Universitäten statt. Immer neue Eindrücke, sie erdrückten uns fast, zumal wir alle für unsere Regierungen nach Abschluß der Studienreise einen Bericht abzugeben hatten. Wir berührten auf der Rückfahrt von Texas, von der mexikanischen Grenze, die Staaten Arkansas, Missouri, Indiana, Illinois, Washington DC, Lafayette, New Jersey usw., mit dem Abschluß in New York.

Während des Aufenthaltes in New York besuchte ich die aus Straelen stammende Familie Janssen, die mich aus meiner Kindheit kannte und die mir einen herzlichen Empfang bereiteten. Es gab eine große Freude. Ernst Janssen war mit mir zusammen auf der Rektoratsschule gewesen, während Paul Janssen, der in der Kindheit für zwei Jahre in Straelen gewohnt hatte, mit mir auf der Mühlenstraße gespielt hatte.

Mit dem großen Luxusdampfer der englischen Cunert-Line, der »Queen Elisabeth« erfolgte die Rückreise in der II. Klasse. Sie dauerte fünf Tage. In Cherbourg – Frankreich – wurden wir ausgeschifft, in dem Hafen also, wo ich einige Monate als Gefangener gelegen hatte und ich mit meiner Gruppe Aufräumungsarbeiten verrichten mußte. Der Eisenbahnzug, der uns von Cherbourg zunächst nach Paris brachte, fuhr dann noch durch das Gebiet – die Normandie – wo ich als Soldat die Invasion durch die Alliierten und die Gefangennahme erlebt hatte. Selbst an dem Ort fuhr der Zug vorbei, wo ich in der Nacht des Beginns der Invasion im Erdloch den Absprung der Fallschirmjäger, am 6. Juni 1944 also, erlebte. Der Kirchturm in Avranche war noch zerstört, den ich nach einem Volltreffer durch die Schiffsartillerie der Alliierten hatte zusammenbrechen sehen. Es war ein besonderes Gefühl, sechs Jahre nach dem fürchterlichen Erlebnis bei der Invasion, nun als Zivilist durch dieses Gebiet zu reisen.

Nach zwei Tagen Aufenthalt in Paris, fuhr ich dann nach drei Monaten Abwesenheit zu meiner Familie nach Hause. Es war ein herrliches Gefühl. Zu Hause hatte man einen Kranz mit Willkommensgruß, von den Kindern selbst gemalt, aufgehängt. Auch hier waren alle, meine Frau und die vier Kinder glücklich und froh, daß ich nach dieser langen Abwesenheit von der Familie, wieder gesund und munter bei Ihnen war.

Von da ab setzte dann ein emsiges und intensives Arbeiten in der Erzeuger-Versteigerung ein. Die Gründung der Blumen-Versteigerung mußte weiterbetrieben werden, in der Sache war während meiner Abwesenheit nicht viel Maßgebendes getan worden. Ich wurde also voll bis zur Eröffnung der Blumenversteigerung am 6. 8. 53, sowohl geistig, als auch körperlich, in Anspruch genommen. Die Stimmung in Gartenbauerkreisen war immer noch mehr gegen eine solche Einrichtung, sodaß dies für mich eine starke seelische Belastung mit sich brachte, zumal ich doch nur eine Besserung für

Franz, Christel, Agnes, Heinz und Hans im Garten

die Gärtner damit erreichen wollte. Der erste Versteigerungstag für Blumen am 6. 8. 53 war ein voller Erfolg, obwohl uns Herr Tenhaeff, der vor den Käufern, die erstmals mit einem Versteigerungssystem vertraut gemacht werden sollten, die Ansprache halten sollte, Herrn Caelers und mir einige Minuten vor der Veranstaltung mit den Käufern wissen ließ, daß er nicht kommen könnte. Welche Gründe hierfür eine Rolle gespielt haben mögen, weiß ich nicht, vermuten muß ich allerdings, daß er einen Mißerfolg befürchtete. Dann wären allerdings sein Ruf und sein Image angeschlagen gewesen. Für mich war die plötzliche Absage natürlich ein Schock. Trotzdem haben Herr Caelers und ich die Sache gut gemeistert und wir durften innerlich sehr zufrieden sein. Nach diesen Anfangserfolgen folgten dann Schlag auf Schlag in der Erzeuger-Versteigerung weitere Erfolge, jedes Jahr höhere Umsätze, jedes Jahr Zuwächse in den Anbauflächen, besonders bei den Glasflächen. Ich will sie hier nicht weiter aufzählen, da sie in den Festschriften der Erzeuger-Versteigerung zum 50- und 60jährigen Bestehen geschildert sind.

Ich wurde nun durch die vielen Neuerungen im Versteigerungssystem, die in Straelen eingeführt wurden, sehr bekannt und wurde deshalb zur Mitarbeit in allen möglichen Organisationen und Verbänden herangezogen. Auf der Landesebene war ich im Vorstand des Provinzialverbandes rheinischer Obst- und Gemüsebauer, im Vorstand der Marktvereinigung Rheinland der Obst- und Gemüseabsatzgenossenschaften, Vorsitzender der Arbeitsgemeinschaft der rheinischen Absatzorganisationen, in verschiedenen Ausschüssen der Landwirtschaftskammer Rheinland, beim Deutschen Raiffeisenverband in Bonn im Ausschuß für Obst- und Gemüseverwertung, im Bundesausschuß für Obst und Gemüse beim Deutschen Bauernverband. Ich war Mitgründer der Sondergruppe Blumen-Absatzorganisationen im Zentral-Verband Gartenbau. Von der Industrie- und Handelskammer Krefeld wurde ich in zwei Ausschüsse des Handels berufen. Vom Landgericht in Kleve wurde ich zum Handelsrichter berufen. Auf der örtlichen Ebene gab es Mitwirkung in verschiedenen Ausschüssen bei der Stadt. Ich war einige Jahre Vorsitzender des Schulausschusses bei der Volksschule. Kurz und gut, ich war vielleicht in zu vielen Gremien tätig. Ich habe diese Ämter aber alle nur angenommen, weil ich dabei dem Gartenbau glaubte dienen und ihm damit eine größere Anerkennung in der Gesellschaft glaubte verschaffen zu können. Rückblickend muß ich auch feststellen, daß es ganz sicher gut gewesen ist, in all diesen Gremien mitgewirkt zu haben. Das gesamte Image des Gartenbaues unseres Kreisgebietes wurde dadurch ganz sicher verbessert.

In der Familie habe ich natürlich dadurch oft gefehlt. Die Kindererziehung lag fast ausschließlich in den Händen der Frau. Nur in schwierigen Fällen hatte ich mitzuwirken. Es gab gewiß auch Probleme. Sollten die Kinder die höhere Schule besuchen oder nicht? Damals mußte noch Schulgeld bezahlt werden, auch die Schulbücher mußten noch selbst finanziert werden. Meine und meiner Frau Vorstellung war aber von Anfang an klar, d. h. den

Mit 52 Jahren (Aus der Festschrift 50 Jahre E. V. Straelen)

Kindern eine so gute wie mögliche Schulbildung zu geben. Trotz
schweren finanzieller Belastung und persönlichem Verzicht haben
wir dieses Ziel geradlinig verfolgt. Es hat uns, meiner Frau und mir,
nie gereut, daß wir dieses Ziel verfolgt haben.

Am 23. März 1963 wurde dann, obwohl dies nicht im Plan
stand und für uns überraschend kam, unser fünftes Kind, der
Dieter geboren. Am Ende der Schwangerschaft erkrankte die Frau,
sodaß es echte Sorgen gab, ob auch alles gut gehen würde und
Mutter und Kind gesund bleiben würden. Die Geburt erfolgte
im Krankenhaus in Geldern, es war ein Achtmonatskind. Von
den erwachsenen Kindern wurde dieser Familienzuwachs, nach
frühzeitiger Information auf dieses Ereignis, mit Freuden und ohne
Kritik aufgenommen.

Am 1. August 1964 gab es ein großes Fest bei der Versteigerung.

Es wurde das 50jährige Bestehen mit einem großen Festzug gefeiert. Die Vorbereitungen zu diesem Fest nahmen mich Monate vorher, neben den Tagesgeschäften, so stark in Anspruch, sodaß ich nach dem Fest wegen einer Schleimhautentzündung des Zwölffingerdarms ins Krankenhaus mußte. Ich ging nach Geldern, um mich dort gründlich auskurieren zu lassen. Der Aufenthalt dort dauerte vier Wochen. Es dauerte aber noch Monate, bis die Geschichte voll ausgeheilt war.

Es hieß zwar immer, ich müßte weniger arbeiten und weniger Aufregung haben, aber das mache einer mal, wenn das von mir geführte Unternehmen jährlich größer wird und immer neue Probleme auf einen zukommen. Auch hatte ich jahrelang keinen längeren zusammenhängenden Urlaub nehmen können, dies sowohl aus finanziellen, als auch aus betrieblichen Gründen. Man glaubte es nicht verantworten zu können, mitten in der Saison drei oder vier Wochen nicht anwesend zu sein. Urlaubsmöglichkeiten, wie sie heute in den Wintermonaten in südlichen Ländern geboten werden, kannte man noch nicht. Eine Versorgung einer Familie mit vier, später fünf Kindern, bei einer längeren Abwesenheit von Vater und Mutter, brachte ganz sicher auch noch Probleme bezüglich der Haushaltsführung mit sich. Aus diesem Grunde mußte man dann schon auf einen längeren, einem zwar zustehenden Urlaub verzichten.

Nachdem ich seit 1949 als Prokurist, gemeinsam mit Herrn van Stiphoudt bis 1957 tätig war, wurde ich nach seinem Ausscheiden im Jahre 1958 zum Geschäftsführer der Erzeuger-Versteigerung bestellt. Ich war dies zunächst mit Jean Verbeeck gemeinsam, der aber nur ehrenamtlich Geschäftsführer war, bis er im Jahre 1962 durch Tod ausschied. Von da ab blieb ich alleiniger Geschäftsführer der Erzeuger-Versteigerung bis zum 31.7.1979. Seit 1976, war ich auch Geschäftsführer der Azalerika GmbH in Kevelaer, die mit Wirkung vom 1.1.1974 in UGA-Niederrhein mit dem Sitz in Straelen umgewandelt wurde. Diese übernahm von diesem Zeitpunkte ab die Tätigkeiten der Erzeuger-Versteigerung. Aus dieser Geschäftsführertätigkeit schied ich am 31.3.1977 juristisch aus, um den Nachfolgern eine bessere Möglichkeit der Einarbeit auf eine selbständige Arbeit zu ermöglichen, wobei ich inoffiziell noch eine Überwachung ausüben konnte. Im Laufe der letzten Jahre meiner Tätigkeit wurde ich dann auch geehrt. Ich erhielt im Jahre 1972 das Bundesverdienstkreuz I. Klasse, ebenfalls in 1972 die Goldene Plakette der Landwirtschaftskammer Rheinland in Bonn. Zu meinem 65. Geburtstag wurde mir die Große Plakette des Landesverbandes Gartenbau Rheinland verliehen. Zu meiner Entlassung aus der UGA, aus dem inoffiziellen Teil meiner Tätigkeit, bei einer großen Entlassungsfeier, die nicht mein Wunsch war, am 17. 1. 1978, wurde mir vom Deutschen Raiffeisen Verband in Bonn die Goldene Raiffeisen-Nadel, vom Zentralverband des Deutschen Gartenbaues in Bonn die Goldene Ernst-Schröder-Gedächtnismedaille, und von der Landwirtschaftskammer Rheinland in Bonn der Ehrenteller verliehen. Es sollten alles Zeichen der Anerkennung meiner Verdienste um den rheinischen und deutschen Gartenbau sein.

Ich weiß, was ich von großen Ehrungen und Auszeichnungen zu halten habe. Ich bin deswegen auch nicht übermütig oder stolz geworden, sondern habe alle diese Dinge als eine ehrliche gute Meinung angesehen. Eines darf man mir ganz sicher nicht vorwerfen, daß ich in erster Linie meine persönlichen Vorteile bei meiner Arbeit gesehen habe. Ich habe mit Leib und Seele die mir übertragenen Aufgaben wahrgenommen, sie waren mir auf den Leib geschrieben. Aus diesem Grunde mag auch das Ergebnis meiner Arbeit so erfolgreich gewesen sein. Die Hauptmerkmale, die mich in meiner Arbeit besonders gereizt haben, waren wohl, für eine wirtschaftlich schwächere Gruppe von Menschen tätig sein zu dürfen, und hierzu zähle ich die Gärtner. Sie sind zwar inzwischen aus dem »schwächeren« sozialen Bereich hinausgewachsen. Aber auch der Gartenbau selbst mit lebenden Pflanzen – Gemüse – Obst – Blumen – hat mich besonders gereizt, daran hatte ich schon immer Spaß, die Botanik war schon in der Schule ein Lieblingsfach.

Ich ging also im Laufe der vielen Jahre meiner Tätigkeit bei der Erzeuger-Versteigerung in der mir gestellten Aufgabe voll und ganz auf. An ein persönliches materielles Reichwerden habe ich dabei

Mit 62 Jahren

eigentlich nie gedacht. Es hat zwar immer gereicht, aber es war auch nie so viel, daß man große Sprünge hätte machen können. So war Urlaub erst in den letzten Jahren überhaupt möglich und das nur in einem bescheidenen Rahmen.

Für sonstige Hobbys, wie Segelboot, Jagd usw. reichte die Zeit nicht, aber auch nicht die Mittel. So werde ich denn nunmehr in den letzten Abschnitt meines Lebens, den man »Ruhestand« nennt eintreten.

Wie schon erwähnt, bin ich in feierlicher Form aus der Tätigkeit als Geschäftsführer bei der UGA-Niederrhein am 17.1.1978 verabschiedet worden. Man hatte diese Veranstaltung großzügig und in feierlichen Rahmen von Seiten der UGA aufgezogen. Es waren hierzu alle Spitzen der Verbände und Organisationen eingeladen, was nicht unbedingt meinem Wunsche entsprach.

Theos 65. Geburtstag

Bei der Erzeuger-Versteigerung und der Kreisvereinigung der Gartenbauer bin ich noch Geschäftsführer bis zum 31. 7. 1979 geblieben. Man hat die Geschäftsführung der vielen Organisationen in Abschnitten auf die jüngere Generation übertragen wollen. Bei der Förderungsgesellschaft für den Fremdenverkehr, bei der die Erzeuger-Versteigerung und die Kreisvereinigung zu je 1/3 beteiligt sind, werde ich noch vorerst Geschäftsführer bleiben, ebenso Vorsitzender der Unterstützungskasse der Erzeuger-Versteigerung e.V. Ab dem 1. 8. 1979 bin ich also voller Ruheständler geworden. Seelisch habe ich mich auf diese Zeit schon seit langem vorbereitet. Es wird mir auch hoffentlich gelingen, damit fertig zu werden.

Möge es mir vergönnt sein, noch einige Jahre bei einigermaßen Gesundheit, es piekt schon mal hier und da, an der Seite meiner lieben Frau, das Leben eines Rentners, eines »a. D.« also, zu erleben, und die Entwicklung der Kinder und ihrer Familien mit Genugtuung zu genießen.

Weihnachten 1979

Editorische Notiz

Mein Großvater Theo hat »bei einigermaßen Gesundheit« noch viele Jahre als Rentner erlebt. Er starb am 10. Februar 1998 im Alter von 85 Jahren friedlich im Schlaf.

Fast dreißig Jahre nach jenem Weihnachtsfest 1979 habe ich den vorliegenden Text gescannt und digital neu gesetzt. Dabei habe ich handschriftliche Korrekturen und Ergänzungen übernommen, meist handelte es sich um fehlerhafte oder fehlende Daten. Abkürzungen habe ich aufgelöst und Zahlen bis einschließlich zwölf ausgeschrieben. Offensichtliche Tippfehler habe ich stillschweigend korrigiert (*Sraelen*→*Straelen*) und viele überflüssige Apostrophs entfernt. Im Typoskript kam kein Eszett vor. Ich habe die Schreibweise an die sogenannte alte Rechtschreibung angepasst. Belassen habe ich die manchmal eigenwillige Interpunktion und natürlich die charakteristische, manchmal etwas umständliche Ausdrucksweise.

Einige Fotografien, hat Theo selbst in sein Typoskript geklebt, die meisten stammen aus Alben der Familie und von Freunden. Alle Bilder wurden digitalisiert, im Tonumfang angeglichen und optimiert. Die Angaben zu den Bildern hat mein Vater, Theos Sohn Heinrich zusammengetragen. Um die Bildunterschriften im Text kurz zu halten, folgt auf den nächsten Seiten ein Abschnitt mit Anmerkungen.

Einen umfangreichen Stammbaum der Familie Verweyen verwaltet Georg Verweyen, der mit dem gleichnamigen Herausgeber dieses Büchleins nur entfernt verwandt ist. In seine Datenbank, die bis ins Jahr 1648 zurückreicht, sind vor einigen Jahren auch die Nachforschungen von Theo und Heinrich eingeflossen `http://www.familieverweyen.de/`.

Mit den besten Wünschen für ein glückliches Weihnachtsfest!

Nairobi im November 2009

Anmerkungen

Seite 4, *Wickelmeister*: Wickelmacher stellen Zigarrenrohlinge aus Füllung und Umblatt her, die sogenannten Wickel. Der Zigarrenroller fügt das Deckblatt hinzu.

Seite 4, links: Theodor Verweyen, (Theos Großvater) * 02. 08. 1845 in Xanten-Vynen, † 15 04 1887 in Rees, Landwirt, verkaufte den Hof in Vynen, wollte nach Amerika auswandern, blieb aber in Rees in einer Kneipe hängen als Gastwirt, später gewerblos, ∞ mit Sybilla Lohschelder.

Seite 4, rechts: Sybilla Verweyen, geb. Lohschelder, * 06. 11. 1844, † 24. 11. 1903.

Seite 5 Familienbild: Der 18jährige Heinrich Verweyen (Theos Vater) im Kreis seiner Geschwister anlässlich der Beerdigung ihrer Mutter Sybilla Verweyen 1903: stehend v. l. Josefine Verweyen ∞ Lieving mit Ehemann Johann L.; hinten Theodor * 09. 08. 1881, ✕ 14. 07. 1915; dunkelhaarige Frau unbekannt; hereinretuschierte Frau unbekannt; hinten Heinrich; unbekannte Frau mit Franz V. * 04. 11. 1873 in Vynen; Fritz Kästner (im Krieg vermisst und später für gefallen erklärt) mit Anna V. * 09. 08. 1881 in Rees, an schwerer Krankheit † 22. 01. 1928 in Straelen; sitzend v. l. Lambert V. Polizist in Bienen, * 07. 02. 1871 in Vynen, † 04. 05. 1932 in Rees-Bienen hatte 14 Kinder, bei denen Theo als Vollwaise einige Zeit gelebt hat; Theodor Hermann V. * 07. 02. 1871 in Xanten-Vynen in Ahaus durch Unfall † 01. 01. 1913.

Als Vignetten die verstorbenen Eltern Heinrich und Sybilla, siehe Seite 4.

Seite 6, links: Gertrud V. geborene Siebers * 02. 02. 1885 in Niedermörmter mit dem 3jährigen Theo im Jahr 1915, er möchte nicht fotografiert werden und spielt mit Spucke im Mund.

Seite 6, rechts: Heinrich Verweyen (Theos Vater) * 26. 07. 1885 Wickelmacher bei Oldenkott, ∞ 30. 01. 1911 mit Gertrud Siebers in Rees, hat kurz nach der Hochzeit einige Monate in einer Zweigstelle in Straelen gearbeitet, † 05. 01. 1920 in Rees im Maria-Johanna Hospital an einem im Krieg 1914/18 zugezogenen Halsleiden.

Seite 14: Von 1922 bis 1926 besuchte Theo die Rektoratsschule in Straelen (Zubringegymnasium), hier mit anderen Quartanern im Fenster zum Schulhof stehend.

Seite 11, Postkarte: Ansicht von Straelen aus Südost, etwa 1935; vor der Pfarrkirche St. Peter und Paul rechts das Katharinen-Stift mit dem Dachreiter, diente zuletzt als Altenheim, 1976 abgerissen.

Seite 17: Theos Lehrlingszeugnis.

Seite 18: Vier Schreurs-Mädchen um 1935 mit ihren Freiern v. l.: Harry Lina (aus Venlo) mit (Au-)Gusta * 23. 04. 1911; Adolf Pellens (Sargschreiner heiratet später in das elterliche Haus Klosterstr. ein) mit Rosa * 02. 11. 1905; Hubertine (Dina) mit Ferdinand (Fenn) Giesberts (später Sparkassendirektor in Straelen) und vorne Agnes und Theo.

Seite 20: Alle acht Schreurs-Mädchen v. l.: Rosa * 02. 11. 1905, Hubertine (Dina) * 08. 08. 1909, Augusta * 23. 04. 1911, Maria * 22. 06. 1913, Agnes * 06. 01. 1915, Elly * 19. 05. 1918, Hermine * 07. 11. 1920, Cilly * 26. 11. 1924, † 18. 04. 1945 (»Euthanasie«?).

Seite 23: Betriebsausflug 1932/33 mit der Versteigerung und der Lehr- und Versuchsanstalt Straelen, wo Agnes als Sekretärin bei Herrn Lisges arbeitete. Links Agnes und Theo, weiter rechts Beele Scheng.

Seite 25: Betriebsausflug der Versteigerung 1932/33 Pause im Biergarten (Wiesental?) v. l. von Lomm, unbek., Jean (Scheng) Verbeeks, unbek., van Stiphout, Heinrich Linder, Theo Verweyen, unbek., unbek.

Seite 26 links: Maria Schreurs, geb. Alsters, Theos Schwiegermutter, * 28. 02. 1878, † 04. 12. 1926, ∞ Johann Schreurs am 24. 01. 1905, Mutter von zwei Jungen und acht Mädchen, darunter Agnes Verweyen.

Seite 26 rechts: Johann Schreurs, Theos Schwiegervater, * 15. 08. 1870, † 05. 05. 1951 im Haus Klosterstraße 17, ∞ mit Maria Alsters am 24. 01. 1905, Schreinermeister.

Seite 28 links: Theo 1934 mit 22 Jahren.

Seite 28 rechts: Agnes 1934 mit 19 Jahren als Verlobte.

Seite 30:   Theo nachdem er am 25. 08. 1939 zum Grenzwachtbataillon Straelen an die holländische Grenze in Westerbroeck eingezogen worden war.

Seite 31:   Kirchliche Hochzeit von Agnes und Theo am 27. 03. 1940 (standesamtlich bereits am 20. 05. 1939 um einen Anspruch auf eine Wohnung zu haben). Theo in geliehener Galauniform. Das Foto entstand im Sandkasten des Hauses Bahnstraße 7.

Seite 33 links: Theo Verweyen nach drei Jahren Fronterfahrung in West-, Südfrankreich und Belgien.

Seite 33 rechts: Theo als frisch ernannter Unteroffizier am 1. 11. 1942.

Seite 35:   Johann Schreurs, Theos Schwiegervater, mit sechs seiner acht Töchter v. l.: Rosa, Maria, Elly, Johann * 15. 08. 1870 † 05. 05. 1951, Hermine (Minni), Gusta, Agnes .

Seite 37 links: Johann Schreurs Witwer seit 04.12.1926 mit acht seiner zehn Kinder im Innenhof an der Klosterstraße (±1932) v. l.: Rosa, Gusta, Cilly, Elly, Johann, Agnes, Hermine, Hubertine (Dina), Clemens (Klemm, der Trompeter) * 28. 06. 1908, ✕ 09. 01. 1943 bei Stalingrad.

Seite 37 rechts: Sieben Töchter von Johann Schreurs im Innenhof des Elternhauses Klosterstraße: Hubertine, Elly, Hermine, Cilly, Agnes, Gusta, Rosa.

Seite 47:   Sonntagsspaziergang, v. l. Christel, Hans-Werner, Heinz und Mutter Agnes mit Franz am Roul-Weiher in Straelen Westerbroeck, ca. August 1953 nach Theos Amerika-Fahrt mit den verbliebenen Bildern des Farbfilms aufgenommen.

Seite 50:   Agnes mit ihren Kindern, August 1953 am Sandkasten, Venloer Landstraße 78 (heute 88); v. l.: Franz mit grünem Schwungrad-Dreirad, Christel, Mutter Agnes, Heinz mit blauem Cabriolet, Hans-Werner mit Spielzeug-Panzer.

Seite 52: Theo mit 52 Jahren zum 50jährigen Bestehen der Erzeuger-Versteigerung Straelen am 1. 08. 1964 (so auch in der Festschrift).

Seite 55: Theo mit 62 Jahren.

Seite 56: Theos 65. Geburtstag